F Marcinowski

Ostpreußens Berufe für die Industrie

F Marcinowski

Ostpreußens Berufe für die Industrie

ISBN/EAN: 9783743694750

Hergestellt in Europa, USA, Kanada, Australien, Japan

Cover: Foto ©ninafisch / pixelio.de

Weitere Bücher finden Sie auf **www.hansebooks.com**

Ostpreußens
Beruf für die Industrie.

Von

F. Marcinowski
Regierungsrath.

Der Reinerlös ist für den Gewerbe=Verein der Provinz Preußen
bestimmt.

Königsberg.
Gedruckt in der Albert Rosbach'schen Buchdruckerei.
1872.

Druckfehler.

Seite 7 Zeile 7 statt Gesellschaftskassen l. Gesellschaftsklassen.
„ 40 „ 13 „ Unternehmers l. Unternehmens.

Die industrielle Entwickelung eines Landes ist ein so gewichtiger Hebel für den Nationalreichthum, sie durchdringt die Lebensadern des Wohlstandes der Bevölkerung so erwärmend und kräftigend, daß es der lebhafteste Wunsch jedes wahren Vaterlandsfreundes sein muß, ihre Segnungen im weitesten Umfange ausgebreitet zu sehen. Bietet auch nicht jeder Landstrich für die Industrie einen gleich ergiebigen Boden, so wird man doch ihr Gedeihen überall da wünschen und fördern müssen, wo die Vorbedingungen ihrer Existenz entweder bereits thatsächlich vorhanden sind oder sich doch wenigstens als ein lebensfähiger Keim erkennen lassen.

Ich habe mir nun die Aufgabe gestellt, in Anknüpfung an einen kurzen Ueberblick der gegenwärtigen Lage der Industrie in Ostpreußen die für die fernere Entwickelung derselben bedeutsamen Verhältnisse genauer zu beleuchten, und dieser Betrachtung die Erörterung einiger Vorschläge anzuschließen, welche die Richtung andeuten sollen, in welcher sich nach meiner Auffassung eine Besserung der bestehenden Zustände, anbahnen ließe.

Die industriellen Bestrebungen eines Landes treten theils in der Gestalt der Handwerksindustrie theils in der Form der Fabrikindustrie zu Tage.

1*

I. Die Handwerks-Industrie.

Die Handwerksindustrie zeigt sich in Ostpreußen in verschiedenen Gruppen und mannigfachen Abstufungen.

Handwerk ohne kaufmännischen Betrieb.

Die Handwerker, welche ihre Thätigkeit lediglich auf die Ausführung von Bestellungen verwenden, bilden die unterste Stufe. Wir finden sie in allen kleineren Städten in größerer, in den bedeutenderen Städten und auf dem platten Lande in verhältnißmäßig geringerer Anzahl. Diese Klasse der Handwerker, welche sich in vielen Fällen wenig über den allgemeinen Bildungsgrad des gewöhnlichen Handarbeiters heraushebt, und auch in den gewerblichen Leistungen nicht über die Linie der Mittelmäßigkeit hinaus gelangt, ist in den kleinen Städten unverhältnißmäßig zahlreich vertreten, vermag deshalb auch in dem beschränkten Wirkungskreise kein genügendes Feld der Beschäftigung zu finden. Die meisten kleinstädtischen Handwerker sind daher darauf angewiesen, sich in Gestalt von Ackerpacht, Viehzucht, Kleinhandel u. s. w. einen Nebenerwerb aufzusuchen, welcher ihnen im Verein mit der Ausübung ihres Handwerks eine kärgliche, oft nur die nothdürftigste Subsistenz sichert. Die Anhänglichkeit an die Heimath, verwandschaftliche Beziehungen, so wie die Neigung, sich möglichst bald --- wenn thunlich in der Heimath — einen eigenen Hausstand zu gründen, endlich der Reiz, als Bürger und Handwerksmeister am kleinen Orte eine Rolle zu spielen, hält eine große Anzahl meist geringer befähigter und weniger geschickter Handwerker in den kleinen Städten fest, wo sie sich ohne Rücksicht auf das Bedürfniß und die Möglichkeit, ihr Handwerk als ausschließliche Nahrungsquelle zur Geltung zu bringen, dauernd niederlassen, und sich dort nicht allein jeder technischen Fortbildung verschließen, sondern häufig die früher erlangte Geschicklichkeit verlernen und zu Handwerkpfuschern herab-

sinken. Dieses in stetem Wechseln begriffene Handwerker-
proletariat drückt den Wohlstand der kleinen Städte in
der bedauerlichsten Weise nieder. In vielen kleinen Städten
Ostpreußens mit einer Einwohnerzahl von 2—3000 Ein-
wohnern existiren 20—30 selbstständige Schuhmacher-,
Schneider-, Schlossermeister, welche ihren Wirkungskreis
nicht über das Weichbild der Stadt und deren nächste
Umgegend auszudehnen vermögen, in Folge dessen —
seltene Ausnahmen abgerechnet — in der kärglichsten Weise
ihr Leben fristen, und oft mit ihrem Arbeitsverdienst nicht
einmal den Tagelöhner zu überholen im Stande sind.

In den größeren Städten tritt dieser Mißstand nicht
so schroff zu Tage.

Handwerk mit kaufmännischem Betrieb.

Das Bestreben der Handwerker, die Erzeugnisse ihres
Handwerks durch eigenen Vertrieb in den Handel zu
bringen, zeigt sich als erster schwacher Anfang in dem
Hausiren mit fertiger Handwerkswaare. Dieser Handel
wird in der Regel nur von den kleinen Handwerkern
betrieben. Es liegt auf der Hand, daß diese Art des
Vertriebes dem Unternehmer nur geringe Vortheile bieten
kann, da die mit dem Hausiren nothwendig verbundene
Einbuße an Arbeitszeit mit dem durch diesen Handel zu
erzielenden Gewinn in keinem Verhältniß steht.

Von größerer Bedeutung ist der von einer erheblichen
Zahl von Handwerkern, namentlich Schuhmachern, Klemp-
nern, Gelbgießern und Schlossern, in der Art eingerichtete
Handelsbetrieb, daß die Fabrikate auf den Jahrmärkten
der zunächst gelegenen Städte und Marktflecken feil ge-
halten werden. Mit einzelnen, durch besondere Solidität
renommirten, Artikeln (z. B. Tilsiter Schuhmacherwaaren)
werden sogar die entlegensten Märkte beschickt.

Der stehende Handel mit eigenen Fabrikaten hat sich
zwar bei einzelnen Handwerkszweigen auch in die kleineren Städte eingebürgert, ist aber hier von so geringem

Umfange, daß er kaum den Namen des Handels verdient. In den größeren Städten gewinnt er dagegen von Jahr zu Jahr eine größere Ausdehnung. Der Unternehmer absorbirt dadurch eine nicht unbedeutende Anzahl kleinerer Handwerker, welchen entweder das kaufmännische Geschick oder der Unternehmungsgeist, in den meisten Fällen aber das erforderliche Capital und der nöthige Credit fehlt, um sich den Wechselfällen eines derartigen Geschäftsbetriebes gewachsen zeigen zu können.

Zu den seltensten Fällen gehört der Uebergang des Handwerksbetriebes in den Fabrikbetrieb.

——————

Das Absatzgebiet für die Handwerkserzeugnisse dehnt sich bei dem kleinen Handwerker selten über den Ort seiner Niederlassung und dessen nächste Umgegend aus, und überschreitet auch bei denjenigen Handwerkern, welche für die Verwerthung ihrer Fabrikate den Marktverkehr aufsuchen, in der Regel den Umkreis von wenigen Meilen nicht. Nur der stehende Handel findet auch in weiteren Kreisen einigen Absatz, reicht aber fast nirgends über die Grenzen Ostpreußens hinaus. Die Betriebsfonds sind bei dem kleinen Handwerker sehr geringfügig, da er den beschränkten Umsatz seines Fabrikats mit den schwächsten Mitteln bewerkstelligen kann und selten so viel verdient, daß er sich ein Betriebscapital für die weitere Ausdehnung seines Gewerbes herstellen könnte. In einer verhältnißmäßig bessern Lage befindet sich der Handwerker der Mittelklasse, welcher jedoch oft geneigter ist, die Ueberschüsse seines Erwerbes in Grundbesitz und Hypotheken anzulegen, als sie zu einer Vergrößerung seines Geschäfts zu verwenden. Das Streben nach geschäftlicher Erweiterung findet man nur bei den wenigen Gewerbetreibenden der größeren Städte, welche den stehenden Handel mit eigenen Fabrikaten in bedeutenderem Maaßstabe betreiben.

Creditverhältnisse. Die Handwerker sind bezüglich des für ihren Geschäftsbetrieb erforderlichen Credits neben den persönlichen Verbindungen, welche ihnen indeß nur im beschränktesten Maaßstabe offen stehen, auf die gegenwärtig bereits in den meisten ostpreußischen Städten bestehenden Creditgenossenschaftskassen angewiesen. Allgemeine und technische Ausbildung und Weiterbildung. Die Handwerker aller vorbezeichneten Kategorien gehen meistens aus den Gesellschaftskassen hervor, welchen nur die Ausbildung in den Elementarschulen und den städtischen Bürgerschulen geboten werden kann. Sie verlassen in der Regel diesen Unterricht nach erfolgter Confirmation und treten dann zu einem Handwerksmeister in die Lehre. Nach mehrjähriger Lehrzeit erlangen sie die Qualification als Gesellen, und suchen sich demnächst baldigst eine selbständige Stellung als Handwerksmeister zu gründen.

Unterrichtsanstalten, welche die Handwerkslehrlinge in die Theorie und Praxis der betreffenden Handwerkszweige durch Belehrung in wissenschaftlicher Beziehung und durch praktische Anleitung einführen können, sogenannte Handwerkerschulen, bestehen zur Zeit in Ostpreußen nicht.

Die in den meisten größeren und kleineren Städten ins Leben gerufenen Sonntagsschulen für Gewerbelehrlinge haben nur den Zweck der allgemeinen Fortbildung in den Gegenständen des elementaren Wissens im Auge.

Die in der Stadt Königsberg seit dem Jahre 1821 bestehende, aus der Staatskasse unter Beisteuer städtischer Communalfonds dotirte, Provinzialgewerbeschule hatte ursprünglich die Bestimmung einer Vorbildungsanstalt für das Gewerbinstitut zu Berlin, wurde aber später dem allgemeineren Zweck angepaßt, Gewerbetreibende so weit auszubilden, daß sie auf dem erlangten Fundament der allgemeinen technischen Bildung die für jedes besondere Handwerk erforderlichen Fachkenntnisse durch eigene Kraft fortbauen könnten. Sie ist im Wesentlichen eine Vorbildungsschule für die Fabrikindustrie und die höhere gewerbliche Technik. Außer diesem Unterrichtsinstitut besteht seit Ende

des vorigen Jahrhunderts in Königsberg eine ausschließlich aus Staatsfonds unterhaltene Kunstschule, welche dazu
bestimmt ist, künstlerische Ausbildung in die Gewerbe hinein-
zutragen. Sie findet namentlich aus den Reihen des Tisch-
ler-, Maler- und Schlosser-Gewerks zahlreiche Betheiligung.
Für die Weiterbildung der bereits praktisch ausgebildeten Handwerker und Gewerbetreibenden fehlte es bis
zum Jahre 1846 an jedem geeigneten Organ. Diesem
Bedürfniß suchte erst der im Jahre 1844 in Königsberg
constituirte Gewerbeverein der Provinz Preußen Abhilfe
zu verschaffen. Dieser Verein, welcher sich die Aufgabe
stellte, den Gewerbefleiß der Provinz zu beleben und
zu fördern und eine möglichst ausgedehnte Theilnahme
und Mitwirkung zur Erreichung dieses Zweckes bei allen
Gewerbetreibenden der Provinz anzuregen, gründete im
Jahre 1846 ein Gewerbevereinsblatt, welches dazu bestimmt war, den Verkehr des Gewerbevereins mit seinen
Mitgliedern und den andern provinziellen Vereinen und
Gesellschaften ähnlicher Tendenz zu vermitteln, und auf den
Gewerbestand der Provinz anregend und fortbildend einzuwirken. Diese Monatsschrift machte die Gewerbetreibenden mit den das Gewerbewesen berührenden Gesetzen,
Verordnungen und Patenten bekannt, und enthielt außerdem populäre Abhandlungen über technische Cultur, Physik,
Chemie, Gegenstände der Volks- und Staatswirthschaft,
Beschreibungen gewerblicher Anlagen und Erfindungen so
wie Mittheilungen aus der Vereinsthätigkeit der bestehenden polytechnischen Gesellschaften. Dieses Vereinsblatt ging
indeß bereits im Jahre 1863 ein, weil es an Männern
fehlte, denen neben der Befähigung und Neigung für diese
literarische Wirksamkeit die Muße zu Gebote stand, um
die weitere Bearbeitung zu übernehmen. Es besteht daher
gegenwärtig in Ostpreußen kein Preßorgan, welches im
Sinne der wissenschaftlichen und technischen Aufklärung
und Fortbildung des Handwerkerstandes thätig ist.
Der Gewerbeverein suchte nun eine erhöhte gewerb-

liche Lebensthätigkeit der Provinz auch noch dadurch wach zu rufen, daß er, so weit es die sparsamen Vereinsmittel zuließen, eine Bibliothek gründete, welche den Gewerbetreibenden zur Verfügung gestellt wurde. Er richtete ferner einen Lesecirkel ein, schaffte eine Fabrikatensammlung an, und schrieb Prämienconcurrenzen für selbständige Arbeiten von Gewerbelehrlingen aus. Die geringe Betheiligung hatte indeß schon im Jahre 1849 die Schließung des Lesezimmers zur Folge.

Endlich bedarf es noch der Erwähnung, daß dem Gewerbeverein im Jahre 1859 ein Vermächtniß zugefallen ist, welches nach der Bestimmung des Testators zur Unterstützung strebsamer Gewerbeschüler verwendet wird.

Der Gewerbeverein zählt gegenwärtig 197 Mitglieder, von denen 13 dem Handwerkerstande, 19 dem Stande der Fabrikanten, 76 dem Kaufmannsstande angehören, während sich die übrigen unter die verschiedenen andern Berufsklassen vertheilen. Die Stadt Königsberg ist durch 182 Mitglieder, die Provinz durch 15 Mitglieder vertreten. Die nur einmal jährlich stattfindenden Generalversammlungen werden von wenigen Mitgliedern besucht. Der Vorstand und der Ausschuß treten selten zu Berathungen zusammen.

Neben dem Provinzial-Gewerbeverein ist die im Jahre 1845 gegründete polytechnische Gesellschaft für die Förderung der Gewerbe und der Industrie thätig. Dieser Verein, welcher gegenwärtig 694 Mitglieder zählt, und sich mit Ausschluß des Hochsommers in regelmäßigen wöchentlichen Sitzungen versammelt, hat sich die dankenswerthe Aufgabe gestellt, einen Mittelpunkt für den Austausch der den Kreis der Gewerbe und der Industrie berührenden Kenntnisse und Erfahrungen herzustellen. Diesen Zweck sucht die Gesellschaft durch populäre wissenschaftliche Vorträge über Gegenstände der Technik und der in dieselbe eingreifenden und mit ihr in Verbindung stehenden Wissenschaften, durch Referate über neue industrielle Unternehmungen und Erfindungen, durch Vorweisung und Erklärung neuer Vorrichtungen und Maschinen, sowie besonders tüchtiger Erzeugnisse des Handwerks und der Fabrikindustrie, endlich durch den Besuch der industriellen Anlagen der Provinz zu erreichen. Der Verein weist unter seinen Mitgliedern 160 Handwerker und Gewerbetreibende, 25 Fabrikbesitzer und 265 Kaufleute auf.

Nach dem Vorgang der polytechnischen Gesellschaft zu Königsberg haben sich auch in mehreren Provinzialstädten (Tilsit, Ragnit, Braunsberg, Bartenstein, Pr. Holland, Wehlau, Memel u. s. w.) ähnliche Vereine gebildet.

Der Gesichtspunkt der Förderung der allgemeinen Bildung des Handwerkerstandes hat durch die Begründung der Handwerkervereine eine geeignete Vertretung gefunden.

II. Fabrik-Industrie.

Die Fabrikindustrie hat sich in Ostpreußen noch dürftiger entwickelt, als die Handwerksindustrie. Sie befindet sich mit Ausnahme weniger Industriezweige in den ersten Stadien zaghafter Versuche.

1. Mühlen.

Die Regierungsbezirke Gumbinnen und Königsberg weisen neben einer bedeutenden Anzahl kleinerer, lediglich auf die Lohnarbeit für die nächste Umgegend angewiesener, Mühlenanlagen eine nicht unerhebliche Zahl größerer Mühlenetablissements auf.

Von den letzteren sind 19 für die Mehlfabrikation thätig. Das Rohmaterial (Roggen, Weizen, Gerste) wird zum größten Theil aus der Umgegend herbeigeschafft. Der Absatz geht nur bei wenigen Mühlen über die Grenzen der Provinz hinaus. Feste Handelsbeziehungen mit dem Auslande sind zur Zeit erst von wenigen Unternehmern angeknüpft.

Die Oelfabrikation wird von 9 bedeutenderen Mühlenanlagen betrieben. Das Rohmaterial (Leinsaat,

Rübsen) wird auch bei diesem Fabrikationszweige vorwiegend der Production der Umgegend entnommen und nur zum geringeren Theil auf den größeren Märkten angekauft. Der Absatz beschränkt sich im Wesentlichen auf die Provinz, hat sich aber zum Theil auch schon Pommern und der Rheinprovinz zugewendet.

An größeren Holzschneidemühlen hat Ostpreußen 29 Anlagen aufzuweisen, welche das Rohmaterial theils aus der Provinz theils aus Rußland beziehen. Das Absatzgebiet für die Fabrikate ist sehr umfangreich und erstreckt sich namentlich der Memeler Handel bis nach Frankreich, England, Holland und Belgien.

Knochenmehl- und Gyps-Mühlen finden sich in größerem Maßstabe nur in Königsberg, Memel, Tilsit, Friedland und Johannisburg. Das Rohmaterial wird denselben meistens aus der Provinz zum Theil aber auch aus Polen zugeführt. Der Absatz reicht wenig über die Grenzen der Provinz hinaus.

2. Bierbrauereien.

Die Brauereien sind zwar in Ostpreußen zum größeren Theil in die Hände der Industriellen übergegangen, indeß besteht eine nicht unbeträchtliche Anzahl auch noch gegenwärtig als landwirthschaftliches Nebengewerbe.

Die bairische Bierbrauerei wird in. allen größeren Städten Ostpreußens in bedeutendem Umfange betrieben. Der Regierungsbezirk Königsberg hat 5 größere Bairisch-Bierbrauereien, der Regierungsbezirk Gumbinnen die gleiche Anzahl aufzuweisen. Hieran schließen sich viele theils in den Städten, theils auf dem Lande thätigen Braun- und Weißbier-Brauereien an, welche indeß meistens nur mit geringen Betriebskräften arbeiten. Malz und Hopfen — mit Ausnahme des Hopfenbedarfs der bairischen Bierbrauereien — werden der landwirthschaftlichen Production der Provinz entnommen. Der Absatz ist auf den Consum der Provinz beschränkt.

3. Spiritusfabrikation.

Die Spiritusfabrikation wird in Ostpreußen namentlich in dem südlichen Theil (Masuren) vielfach betrieben. Die Brennereien liefern indeß nur rohen Spiritus. Die Rectification und Destillation wird den besondern, in Ostpreußen zahlreich vertretenen nur in den größeren Städten umfangreicheren, Fabrikationsanstalten überlassen, welche hauptsächlich die Präparation des Spiritus für den Schankbetrieb bewerkstelligen.

Fast sämmtliche Brennereien tragen den Character des landwirthschaftlichen Nebengewerbes an sich, und gehen daher selten über die Verarbeitung des von dem Unternehmer selbst gebauten oder in der nächsten Umgegend käuflichen Rohmaterials hinaus. Der Betrieb ist wenig rentabel und wird in vielen Fällen nur deßhalb fortgesetzt, weil die Abgänge mit Vortheil zur Viehmastung verwerthet werden können. Das Absatzgebiet bildet zum Theil die Provinz, zum Theil geht der Spiritus über Königsberg und Stettin in den europäischen Handel.

4. Stärkefabrikation.

Die Verarbeitung von Weizen und Kartoffeln zu Stärkemehl wird in Ostpreußen vielfach von Grundbesitzern in kleinerem Maaßstabe betrieben. Hiebei wird indeß meistentheils nur der eigene Consum und der Bedarf der nächsten Umgegend in Betracht gezogen.

An größeren Fabriken sind nur zu erwähnen:

a) für Kartoffelstärke die Fabriken zu Legienen und Ramten (Kreis Rößel) und Kurkenfeld (Kreis Gerdauen).

Diese allerdings auch nur auf einen mäßigen Umsatz eingerichteten Fabrikationsanlagen entnehmen das Rohmaterial der landwirthschaftlichen Production des Unternehmers beziehungsweise der nächsten Umgegend, und suchen ihren Absatz durch Vermittelung des Königsberger und Tilsiter Handels.

b) Für Weizenstärke besteht nur in Heilsberg eine bedeutendere Fabrik. Dieselbe bezieht den Rohstoff aus der Umgegend und setzt die Fabrikate in der Umgegend ab.

5. Käsefabrikation.

Käsefabriken werden von mehreren größern Grundbesitzern selbst oder durch Pächter in erheblichem Umfange und mit gutem Erfolge betrieben.

6. Zuckerfabrikation.

Die Rübenzuckerfabrikation ist in früherer Zeit in Ostpreußen versucht, die Fabriken sind indeß schon seit einer Reihe von Jahren außer Betrieb gestellt. Der Grund des Mißerfolges derselben scheint weniger in den Erträgen des Rübenbaus gelegen zu haben — auf dem geeigneten Boden in Ostpreußen läßt sich eine ebenso reichhaltige Ernte erzielen als in den westlichen Provinzen —, als in dem ungenügenden und ungleichmäßigen Zuckergehalt dieses landwirthschaftlichen Products.

Die Zuckerraffinerien haben gleichfalls seit mehreren Jahren ihre Thätigkeit eingestellt.

7. Torffabrikation.

Ostpreußen besitzt bedeutende Flächen von Hoch- und Tiefmooren, welche Torferde von verschiedener, meist sehr guter, Beschaffenheit aufzuweisen haben. Dieselbe wird von den Grundbesitzern zur Herstellung von Stich-, Tret- und Preß-Torf verwendet.

Außer dem eigenen Bedarf wird aber der Regel nach nur ein sehr mäßiger Absatz in der nächst erreichbaren Umgegend in Aussicht genommen. Mit der Ausbeutung der Torfmasse durch maschinelle Herstellung eines guten Preßtorfs sind erst wenige Grundbesitzer vorgegangen.

8. Ziegel-, Thonwaaren- und Cementfabrikation.

Das zur Anfertigung guter Ziegel- und sonstiger Thonfabrikate erforderliche Rohmaterial findet sich in Ostpreußen in genügender Menge. Die Ziegelfabrikation ist deshalb auch von vielen größeren Grundbesitzern ins Auge gefaßt, und sind namentlich in dem letzten Jahrzehnt zahlreiche Ziegeleien entstanden, welche in ihrer Bauart und maschinellen Einrichtung die neuen Erfindungen berücksichtigt haben. Dagegen sind die Versuche, der Thonwaarenfabrikation nach andern Richtungen hin eine größere Ausbreitung zu sichern, noch nicht über die ersten Anfänge hinausgekommen. Die Cementfabrikation ist, obwohl Ostpreußen große Lager des geeigneten Materials aufzuweisen hat, nur durch eine bedeutendere Anlage — auf dem Gute Powunden Kreis Pr. Holland — vertreten. Das Material wird den Gutsländereien entnommen, das Fabrikat in der Provinz abgesetzt.

In neuerer Zeit hat man auch in andern Gegenden Ostpreußens den Versuch gemacht, dieses Fabrikat herzustellen.

9. Glasfabrikation.

In Ostpreußen existiren nur 4 Glashütten, welche sich mit der Fabrikation der gröberen Glaswaaren beschäftigen. Das Material liefert die Umgegend, der Absatz beschränkt sich auf die Provinz.

10. Fabrikation von künstlichem Dünger.

In fast allen größeren Städten Ostpreußens befinden sich, wie schon ad 1 erwähnt, Knochenmehlfabriken. Die Knochen werden aus der Provinz und aus Rußland bezogen. Der Umfang des Betriebes ist in der Steigerung begriffen, weil die Landwirthschaft zur Zeit von diesem Dungmittel einen umfassenderen Gebrauch macht.

Anderweite Düngerfabriken (Poudrette, Düngergyps) sind gleichfalls mit Erfolg in Thätigkeit.

11. Tabacksfabrikation.

In den letzten Jahrzehnten sind in Ostpreußen zahlreiche auf die Herstellung von Schnupf-, Rauchtaback und Cigarren gerichtete Fabriken mit den günstigsten Erfolgen ins Leben getreten. Sie beziehen das Rohmaterial theils aus der — allerdings nur sehr unbedeutenden — Production der Provinz, theils aus Bremen und Hamburg, und finden für ihre Fabrikate in Ost- und Westpreußen ausreichenden und lohnenden Absatz.

12. Holzwaarenfabrikation.

Ungeachtet Ostpreußen die reichhaltigsten Bestände der besten Holzgattungen besitzt, sind Fabriken, welche sich die industrielle Verarbeitung dieses Materials zur Aufgabe machen (Meubles-Fabriken u. s. w.) wenig zahlreich vertreten.

13. Papierfabrikation.

Die Papierfabrikation wird in größerem Maaßstabe nur in Tilsit und in Kiauten (Kreis Goldapp) betrieben. Außerdem sind nur zwei kleinere Fabriken (in Wischwill und Grünheide, Kreis Sensburg) zu erwähnen. Der Regierungsbezirk Königsberg hat seit dem Eingehen der Fabrik zu Trutenau gar keine Papierfabrik aufzuweisen.

Das Rohmaterial wird den bestehenden Fabriken aus der Provinz und aus Rußland zugeführt, der Absatz geht, da der Consum innerhalb der Provinz ein bedeutendes Quantum absorbirt, nicht über die Grenzen derselben hinaus.

14. Lederfabrikation.

Außer den für die gröbere Lederbereitung bestimmten meistens kleineren Gerbereien, welche in fast allen Städten vertreten sind, ist in Ostpreußen zur Zeit nur eine Fabrik für feinere Lederbereitung — die Saffianfabrik zu Königsberg — im Betriebe. Dieselbe bezieht das Rohmaterial aus der Provinz und setzt die Fabrikate nach den verschiedensten Gegenden Deutschlands ab.

Die fabrikmäßige Verfertigung feinerer Lederwaaren (Taschen, Etuis u. s. w.) ist noch nicht versucht worden.

15. Essigfabrikation, Oelraffinerie, Seifenfabrikation.

Diese industriellen Branchen sind in den größeren und Mittelstädten Ostpreußens durch zahlreiche meistens unbedeutende Anlagen vertreten. Den erfreulichsten Aufschwung haben die Oel- und Seifenfabriken zu Königsberg und Tilsit gewonnen, welche ihre Fabrikate zum Theil in das Ausland (Holland, England) ausführen.

16. Flachsspinnereien.

Mit der Anlage von Flachsbereitungs-Anstalten ist erst in jüngster Zeit der Anfang gemacht. Die Flachsspinnerei wird nur durch die — gegenwärtig von einer Aktiengesellschaft betriebene — Fabrik zu Insterburg repräsentirt. Sie bezieht das Rohmaterial aus der Provinz und aus andern Gegenden Deutschlands und setzt das Fabrikat an die zahlreichen mitteldeutschen Webereien ab.

17. Wollspinnerei und Tuchfabrikation.

Da die Tuchfabrikation in Pr. Eylau nur in geringem Umfange und nur mit mäßigen maschinellen Kräften betrieben wird, ist in diesem Industriezweige nur die im Jahre 1869 von der Direction der Provinzialhilfskasse für Preußen eingerichtete Wollspinnerei und Tuchfabrik zu Darkehmen von einiger Bedeutung.

Das Rohmaterial wird dieser Fabrik aus allen Gegenden der Provinz sowie aus Polen reichlich zugeführt. Ausländische Wolle ist bisher nur in geringer Menge, Kunstwolle (Shoddy) gar nicht zur Verwendung gelangt. Der Absatz ist auf die Provinz beschränkt. Ebenso vereinzelt wie dieses Fabrikunternehmen steht gegenwärtig

18. die Shoddyfabrikation.

Dieselbe ist nur durch eine Fabrik in Königsberg vertreten, welche die Wolllumpen aus der Provinz bezieht und die Kunstwolle hauptsächlich nach England, zum kleineren Theile nach Mitteldeutschland, ausführt.

19. Maschinenfabrikation.

Ostpreußen hat eine nicht unbeträchtliche Anzahl größerer Maschinenfabriken aufzuweisen, welche zum Theil mit Eisengießereien in Verbindung gebracht sind. Der Regierungsbezirk Königsberg ist in dieser Branche mit 12, der Regierungsbezirk Gumbinnen mit 5 größeren Fabrik-Etablissements vertreten. Die Fabriken beschäftigen sich vorwiegend mit der Anfertigung landwirthschaftlicher Geräthe und Maschinen, und arbeiten fast nur für den Absatz in der Provinz und in Polen. Einzelne — namentlich die umfangreichen Fabriken in Königsberg — haben indeß die Concurrenz mit andern deutschen Fabriken in der Herstellung von Eisenbahnbetriebsmaterial, Bau eiserner Schiffe u. s. w. mit Erfolg aufgenommen und dadurch den Umfang des Betriebes sowie die Grenzen des Absatz-gebietes erweitert.

Das Rohmaterial wird aus England, Schweden, Schlesien, der Rheinprovinz, zum Theil auch aus der in Wondolek (Kreis Johannisburg) bestehenden Eisenhütte bezogen.

Außer den gedachten Maschinenfabriken ist noch einer größeren Gelb-, Roth- und Glockengießerei zu Rastenburg und der renommirten Messingwaarenfabrik zu Darkehmen zu erwähnen.

20. Bergbau.

Der Bergbau hat in Ostpreußen bisher noch nicht festen Fuß gefaßt. Man hat sich auf Versuche beschränkt, den Bernstein im Samlande durch Bergbau auszubeuten.

Die kunstlose Methode des Tagebaus (offene Gräbe⌐
wird noch in neuester Zeit fortgesetzt. Der Tiefbau
von der Staatsregierung zum ersten Male in der Mi⌐
des 17. Jahrhunderts, dann nochmals am Ende t⌐
18. Jahrhunderts und zuletzt im Jahre 1870 versu⌐
worden, hat aber bisher noch nicht zu günstigen Resu⌐
taten geführt. In nächster Zeit sollen diese Versuc⌐
wieder aufgenommen werden.

Die in der vorhin gegebenen Uebersicht aufgereiht⌐
industriellen Unternehmungen sind hinsichtlich des Betrieb⌐
Capitals neben ihren eigenen Fonds im Wesentlichen a⌐
den Credit der Königlichen Bank beschränkt.

Creditinstitute, welche ausschließlich die Zwec⌐
der Industrie im Auge haben, stehen den Fabrikunte⌐
nehmern nicht zur Seite. Das einzige Creditinstitut, welche⌐
neben andern provinziellen Zwecken auch die Bestimmun⌐
hat, der Industrie Geldmittel im Wege des Darlehns z⌐
zuführen, ist die im Jahre 1853 von der Staatsregierun⌐
ins Leben gerufene, unter die Controle der Provinzia⌐
vertretung gestellte, Provinzialhilfskasse für Preußen. De⌐
selben fällt statutenmäßig die Aufgabe zu, die Unternehm⌐
nützlicher Gewerbe-Anlagen, namentlich bei Einführun⌐
neuer Industriezweige, durch Gewährung von Darlehe⌐
zu unterstützen Die Beleihung setzt eine Sicherheit vo⌐
aus, welche nach Inhalt des Statuts bestellt werden kann⌐

1. durch hypothekarische Eintragung innerhalb zw⌐
   Drittel des durch glaubhafte Taxen zu ermittel⌐
   den Werthes von Grundstücken, oder

2. durch Verpfändung in gleicher Weise gesicherte⌐
   Dokumente, oder

3. durch Verpfändung von Staatspapieren, staatlic⌐
   garantirten Werthpapieren und inländischen Pfand⌐
   briefen bis auf Höhe von 75 % des Nominal⌐
   werthes, oder endlich

4. durch Ausstellung von Wechseln unter gleichzeitiger Herbeischaffung der selbstschuldnerischen Bürgschaft anerkannt solider Eingesessenen der Provinz.

Die Beleihungsgrenze zu 1 ist indeß durch, eine in Veranlassung eines Beschlusses des Provinziallandtages vom 2. Juli 1870 ergangene Cabinetsordre vom 4. September 1871 dahin geändert, daß Fabriken und gewerbliche Anlagen nur bis zur Hälfte des Materialien-Taxwerthes der Gebäude als beleihungsfähig gelten sollen.

Die Provinzialhilfskasse ist aus Fonds, welche der Staat der Provinz zu bestimmten gemeinnützigen Zwecken zur Verfügung gestellt hat, dotirt. Sie besitzt zur Zeit ein zum größten Theil in Dokumenten der bewilligten Darlehen angelegtes Capitalvermögen von ca. 600,000 Thlr., und ist zur Emission einer Million Obligationen mit einer jährlichen Minimalamortisation von 1% ermächtigt. Von dieser Ermächtigung hat sie gegenwärtig bis auf Höhe von 792,000 Thlr. Gebrauch gemacht. Der Zinssatz der Darlehen, welcher durch Vereinbarung der Direction mit dem Oberpräsidenten festgesetzt wird, ist seit dem 1. Januar 1869 auf 5½ % normirt. Der Regel nach wird den Darleihern die Amortisation, in den meisten Fällen unter Bestimmung einer Frist von 13½ Jahren, zur Pflicht gemacht.

Wendet man nun den Blick auf die vorentwickelte Lage der Industrie in Ostpreußen, so wird man den Eindruck nicht von sich abweisen können, daß der Entwickelungsgang derselben bisher wenig befriedigende Fortschritte gemacht, und sich nur in wenigen Industriezweigen dem volkswirthschaftlichen Standpunkt genähert hat, welchen die westlichen Provinzen bereits seit einer Reihe von Jahren eingenommen und in stetiger Fortentwickelung behauptet haben.

2*

Die Handwerksindustrie zeigt in der unterst
Klasse vielfach das Bild traurigster Verkommenheit. Geisti
und technische Verwahrlosung gehen mit pecuniärer Dü
tigkeit Hand in Hand und drücken diesen Stand zu
Proletariat herab. Selbst in den besseren Klassen d
Handwerker findet man noch nicht den Grad von Betrie
samkeit, Geschick und Unternehmungslust, welche das Str
ben nach Solidität, technischer Vervollkommnung und be
Trieb nach geschäftlicher Ausdehnung in correcter ur
gesunder Weise zum Durchbruch bringt.

Dieser Stand, welchem in dem staatlichen Organi:
mus die Aufgabe zufällt, sich zu einem Grundpfeiler de
Bürgerthums herauszubilden, hat sich in Ostpreußen noc
nicht auf die Stufe gestellt, welche ihn für diese Stellun
befähigt. Wenn sich auch in den größeren Städten di
Zahl der intelligenten und strebsamen Handwerker al
mälig steigert, so befindet sich doch der Handwerkerstan
der mittleren und kleineren Städte fast ausnahmslos nich
in der Lage, mit der fortschreitenden industriellen Cultur
bewegung gleichen Schritt halten zu können. Der Grund
für diese Erscheinung liegt hauptsächlich in den mangel
haften Mitteln, welche dem Handwerker für seine Vor
bildung und Fortbildung geboten werden. Die allge
meine Bildung ist die erste Grundlage jedes Culturlebens
Sie ist allein im Stande, den geistigen Anlagen den geeigne
ten Anstoß zu geben, sie für die fortschreitende Entwicke
lung in der künftigen Lebensstellung vorzubereiten und
empfänglich zu machen. Die körperliche Geschicklichkeit is
zwar gleichfalls als eine wesentliche Vorbedingung für
den Handwerksbetrieb anzuerkennen, indeß kann sie, wenn
sich nicht geistige Bildung mit ihr vereint, einem gedeih
lichen industriellen Fortschritt die Wege nicht ebnen, da
selbst der gewandteste Arbeiter nur eine Maschine in der
Hand dessen bleibt, welcher seine Geschicklichkeit in seinem
Interesse auszubeuten versteht. Ohne geistige Bildung
vermag er sich weder in die Lage zu versetzen, seine tech-

nische Fertigkeit zu vervollkommnen, noch sich zu einer freien und selbständigen Stellung heraufzuarbeiten. Es wird also zuvörderst Aufgabe der Schule sein, dem für den Handwerkerstand bestimmten Zögling die Elemente des allgemeinen Wissens zuzuführen, damit er beim Verlassen der Schule in die Vorstadien seines Lebensberufes wohl ausgerüstet eintritt und einen Fonds mitbringt, welcher ihn für das Verständniß seines Berufs und die weitere Fortbildung in demselben genügend befähigt. Eine gute Schulbildung muß den Boden der späteren Thätigkeit so sorgfältig präpariren, daß die Keime des Wissens eine gesunde und lebenskräftige Gestaltung annehmen können.

Selbstverständlich muß aber auch dem Handwerks= lehrling während der Lehrzeit die Gelegenheit geboten werden, seine allgemeine sowie die besondere technische Bildung auf der durch die Schule und die praktische Arbeit gewonnenen Grundlage weiter zu entwickeln. Wenn man nun berücksichtigt, daß ein großer Theil der kleinen Handwerker nur in Dorfschulen vorgebildet wird, welche mit ihren beschränkten, dürftigen Lehrmitteln in manchen Bezirken nicht einmal in der Lage sind, den Schülern in den einfachsten Elementen des Wissens eine sichere und feste Unterlage für den künftigen Beruf mitzugeben, wenn man ferner erwägt, daß in den Städten wenig geschieht, um die Fortbildung der Lehrlinge in der Zeit der Vorbereitung zu fördern, wenn man endlich in Betracht zieht, daß manche Handwerksmeister — namentlich in den kleineren Städten — es nicht einmal verstehen, den ihnen zur technischen Vorbereitung zugewiesenen Lehrlingen die entsprechende Anleitung zu geben, so wird man es erklärlich finden, daß die vorhin geschilderten Zustände noch gegenwärtig bestehen, und nur an denjenigen Orten ein Fortschritt erkennbar ist, wo dem strebsamen Handwerker die Gelegenheit geboten wird, das Erlernte zu erhalten und neues Wissen in sich aufzunehmen. Es wird hier einerseits der Staatsregierung die Aufgabe zufallen, auf die Verstärkung und Verbesserung der Lehrmittel für die allgemeine Bildung hinzuwirken, andrerseits werden aber auch die Gemeinden diesen Zuständen gegenüber für An-stalten und Einrichtungen sorgen müssen, welche die wissen-schaftliche Fortbildung sowie die normale technische Ausbildung der Lehrlinge und Gesellen ermöglichen. Die für diese Zwecke aufzuwendenden Geldmittel werden sich allerdings in den meisten Fällen nur langsam und allmälig flüssig machen lassen, weil die den Gemeinden anderweit obliegenden communalen Verpflichtungen fast durchgängig bereits die äußerste Grenze der Leistungs-fähigkeit erreicht haben, indeß wird es die Staatsverwal-tung in Anbetracht der wichtigen volkswirthschaftlichen Vortheile, welche auf diesem Wege zu erreichen wären, hier um so weniger an der entsprechenden Beihilfe und Unterstützung fehlen lassen können, als es gerade in Ost-preußen dringend nothwendig ist, alle Hebel anzusetzen, um diesen, durch seine ungünstige geographische Lage und durch die climatischen Verhältnisse in der normalen volks-wirthschaftlichen Entwickelung zurückgehaltenen, Landstrich der erreichbaren Stufe des Wohlstandes näher zu bringen.

Daß die Handwerksindustrie, welche in jedem gesun-den Staatsorganismus den Ausgangs- und Mittelpunkt der industriellen Bewegung bilden muß, auch nach dieser Richtung hin der eifrigsten Förderung bedarf, wird keinem Zweifel unterliegen. Es wird nur darauf ankommen, daß die leitenden Organe der Staats- und Gemeindeverwal-tung dieses Bewußtsein in allen betheiligten Kreisen zu wecken suchen, daß sie überall anregend und vermittelnd eingreifen, und kein Mittel unversucht lassen, um dem Aufschwung und Fortschritt der Industrie Bahn zu brechen.

Fällt nun hienach dem Staat und der Gemeinde die wichtige Aufgabe zu, die industrielle Bewegung in die richtige Bahn zu leiten, so darf doch auch der Industrielle selbst den bestehenden unfertigen Zuständen gegenüber nicht müßig dastehen. Das Vereinswesen hat sich in allen

derartigen Fällen als das fruchtbarste Feld für die Thätigkeit des Einzelnen bewährt, sofern der Verein von dem
Bewußtsein und dem ernsten Streben des energischen Zu-
sammenwirkens beseelt und getragen wird. Durch das
Vereinswesen wird nicht allein ein fester Mittelpunkt für
den Meinungsaustausch in technischen Angelegenheiten gewonnen, sondern es wird auch dem bereits ausgebildeten
Handwerker die Gelegenheit geboten, die Veränderungen
und Verbesserungen der mit seinem Handwerk im Zusam-
menhange stehenden Technik zu verfolgen, und seinen
Gesichtskreis im Gebiete der allgemeinen Bildungswissen-
schaften zu erweitern. Der kräftige Anlauf, welchen das
Vereinswesen im Jahre 1843 genommen hat, ist leider
nicht in dem wünschenswerthen Tempo fortgeschritten. Der
Provinzial-Gewerbeverein hat in dem letzten Jahrzehnt
sogar eine entschieden rückgängige Bewegung gemacht.
Abgesehen davon, daß das Gewerbevereinsblatt seit dem
Jahre 1863 eingegangen ist, hat sich die Thätigkeit des
Vereins in letzter Zeit wesentlich auf die Ausschreibung
der Prämienconcurrenz für selbständige Arbeiten der Gewerbelehrlinge beschränkt.

Alle vorhin angedeuteten Mittel können aber nur
unter der Voraussetzung von Erfolg sein, wenn auch die
Capitalisten der Industrie die volle Wärme aufrichtiger
Sympathien zuwenden. Die Zahl der größeren Capitalisten ist in Ostpreußen allerdings keine bedeutende, indeß
haben doch die finanziellen Ereignisse der beiden letzten
Jahre den deutlichen Beweis geliefert, daß ein wirklicher
Mangel an Fonds für gewerbliche und industrielle Zwecke
nicht vorhanden ist. Die Capitalisten zeigen aber wenig
Neigung, die Industrie aus Interesse für dieselbe
durch die Triebkraft des Capitals zu unterstützen. Sie
sind zwar gern bereit, geschickte und intelligente Handwerker
ihren speculativen Zwecken dienstbar zu machen, zeigen sich
aber mit seltenen Ausnahmen für den Gedanken, ihr per-
sönliches Interesse mit den industriellen Bestrebungen ihres

Schuldners zu verflechten und das für den industriellen Aufschwung nothwendige Zusammenwirken von Geld und Arbeit in richtiger Form zur Gestaltung zu bringen, schwer zugänglich.

Der Handwerker, welcher sich nicht dem Interesse des Capitalisten unterordnen will, findet selten einen Geld·mann, der ihm anders als unter den drückendsten Bedin·gungen den erforderlichen Credit zu gewähren geneigt ist. Hieburch wird aber in den meisten Fällen der erstrebte Vortheil so wesentlich geschmälert, daß der Unternehmungs·geist erlahmt und sich das Unternehmen nicht auf die erwünschte Höhe bringen oder auf derselben erhalten läßt. Diesen Nachtheilen kann am wirksamsten durch genossen·schaftliche Creditkassen begegnet werden, und erscheint des·halb die dauernde Vermehrung derselben im höchsten Grade wünschenswerth.

Läßt sich nach der vorhin versuchten Schilderung der Standpunkt der Handwerksindustrie in Ostpreu·ßen keineswegs als ein erfreulicher und befriedigender be= zeichnen, so wird man sich des drückenden Bewußtseins zurückgehaltenen Fortschreitens noch weniger erwehren können, wenn man die Fabrikindustrie zum Gegenstande der Betrachtung macht. Auch hier fehlt fast durchgängig die Frische und Lebendigkeit reger Unternehmungslust, und wir sehen mit Befremden, daß sich viele lebensfähige Quellen der Industrie noch gar nicht erschlossen theils nach verfehlten Versuchen wieder verschlossen haben, so daß mit Ausnahme weniger Branchen kein merklicher Fortschritt zu Tage tritt.

Die Lage der Fabrikindustrie in Ostpreußen bietet nur wenige Symptome einer gesunden Fortentwickelung. In den meisten Industriezweigen machen sich die Anzeichen eines bedenklichen Stillstandes, in einzelnen sogar des Rückschritts in der Culturbewegung kenntlich. Es fragt sich nun, ob dieser vom Standpunkt der Volkswirthschaft höchst bedauerliche Zustand in zwingenden Verhältnissen begründet ist, ob sich dem industriellen Aufschwung unüberwindliche Hindernisse entgegenstellen, oder ob sich diese krankhafte Verkommenheit nicht auf Besonderheiten zurückführen läßt, deren schädlicher Einfluß durch Anwendung der geeigneten Mittel bewältigt werden kann.

Um hierüber ins Klare zu kommen, wird es zuvörderst der eingehenden Prüfung bedürfen, ob in Ostpreußen die Elemente der naturgemäßen Entwickelung der Industrie anzutreffen sind.

Die Lebensfähigkeit der Industrie eines Landes setzt voraus:

1. brauchbares und billiges Rohmaterial in genügender Menge,
2. die Möglichkeit einer guten und billigen Fabrikation,
3. den ausreichenden und preiswürdigen Absatz für die Fabrikate.

I. Das Rohmaterial.

Ostpreußen bietet in den meistens sehr gut verwendbaren Erzeugnissen des Ackerbaus, der Viehzucht und der Holzcultur ein reichhaltiges Material für industrielle Verarbeitung. An diese Producte der Land= und Forstwirthschaft reihen sich noch verschiedene der unmittelbaren Ausbeutung zugängliche Rohstoffe, unter denen namentlich der Bernstein, welcher sich in keinem andern Lande in so bedeutender Menge und so guter Beschaffenheit vorfindet, eine hervorragende Beachtung verdient. Die billige Heranschaffung des Rohmaterials an den Fabrikationsort wird durch das in den letzten Jahren erheblich verstärkte Chausseenetz, durch die Eisenbahnlinien, sowie durch die günstigsten Wasserstraßen vermittelt, so daß Ostpreußen, wenn es sich auch in dieser Beziehung nur langsam einer den Bedürfnissen entsprechenden Gestaltung nähert, immerhin die Möglichkeit gewährt, an geeigneten Plätzen gutes und billiges Rohmaterial in ausreichender Menge zu concentriren.

Oeffnen sich hienach schon im Lande selbst die schä-
tzenswertheſten Bezugsquellen für das den wichtigſten induſtriellen Unternehmungen dienliche Rohmaterial, so läßt sich
das weite Feld des induſtriellen Schaffens und Wirkens
auch noch auf diejenigen nicht einheimiſchen Rohſtoffe
ausdehnen, welche durch den Seetransport der Provinz
Preußen ebenſo billig zugeführt werden können als andern
Provinzen und Ländern, Der gedeihliche Aufſchwung der
beſtehenden Tabacksfabriken, welche das Rohmaterial zum
größeren Theile auf dem Seewege beziehen, die in neue-
ſter Zeit in Königsberg mit beſtem Erfolge in Angriff
genommene Fabrikation von Schildpatt- und Gummi-
Schmuckſachen legen das deutlichſte Zeugniß dafür ab,
daß auch nach dieſer Richtung hin bei richtiger Würdi-
gung der concurrirenden Verhältniſſe beachtenswerthe Re-
ſultate erzielt werden können.

II. Die Fabrikation.

Die gute und billige Fabrikation ſetzt einerſeitis die
Möglichkeit einer zweckentſprechenden und preismäßgen
Herstellung der Fabrikanlage selbst andrerseits das Vor-
handensein oder doch die Möglichkeit der Heranziehung
tüchtiger und billiger Arbeitskräfte voraus. In erſterer
Beziehung unterliegt es keinem Zweifel, daß die baulichen
Anlagen an vielen für den Fabrikbetrieb günſtig gelegenen
Orten mit einem geringen Koſtenaufwande und gleich
gutem Material hergeſtellt werden können, als dieſes in
andern dem induſtriellen Fortſchritt bereits erſchloſſenen
Provinzen der Fall ist. Der Preis des brauchbarſten Bau-
materials ist ein mäßiger, die Arbeislöhne keinesfalls theurer
als anderwärts. Für die Herſtellung und Herbeiſchaffung
der Betriebsmaſchinen ſtellen sich die Verhältniſſe inſofern
ungünſtiger dar, als die in der Provinz beſtehenden Ma-
ſchinenfabriken zur Zeit die für die möglichen Fabrikationszweige erforderlichen Maſchinen, namentlich die maſchinellen
Vorrichtungen für neu einzuführende Induſtriezweige, nicht

verfertigen, dieselben sonach aus den Maschinenfabriken der westlichen Provinzen bezogen werden müssen. Die hiedurch für die erste Anlage einer Fabrik erwachsenden Mehrkosten fallen indeß nicht erheblich ins Gewicht.

Für den Betrieb einer Fabrik ist neben der allgemeinen Betriebskraft der Maschinen die, die Fabrikation vermittelnde, menschliche Thätigkeit: die Intelligenz der technischen Leitung und die Geschicklichkeit der Fabrikarbeiter in Betracht zu ziehen. Die allgemeine Betriebskraft der Maschinen wird im Wesentlichen durch Wasser- oder Dampfkraft repräsentirt. Die Benutzung der ersteren ist in Ostpreußen an vielen Orten im bedeutendsten Umfange möglich, die Verwendung der letzteren aber überall durchführbar, wo das erforderliche Brennmaterial in genügender Quantität und für einen mäßigen Preis hingeführt werden kann. Die Verwendung der Steinkohle wird in den, dem größeren Wassertransport erschlossenen, Städten keinen unverhältnißmäßigen Kostenaufwand erfordern, während an andern zur Anlage von Fabriken geeigneten Orten ein gut gearbeiteter Preßtorf als ein geeignetes Surrogat für Steinkohle beziehungsweise Braunkohle dienen kann. Für die billige Verwendbarkeit der Steinkohle, welche für eine mäßige Fracht aus England und Schottland unsern Ostseehäfen zugeführt wird, liefern die in den Seestädten bestehenden mit Dampfkraft betriebenen Fabriken den deutlichsten Beweis. Es wird sonach keinem Zweifel unterliegen, daß sich in Ostpreußen der Realisirung der allgemeinen Betriebskraft für Fabrikanlagen keine unüberwindlichen Schwierigkeiten entgegenstellen.

Schwieriger gestalten sich die Verhältnisse für die zum Fabrikbetriebe erforderliche Arbeitskraft. Die Zahl der Arbeiter wird nicht allein durch den Umfang des Betriebes bestimmt, sondern ist auch wesentlich von den zur Fabrikation gebotenen Vorrichtungen abhängig. Bei vielen Fabrikationszweigen kommt hauptsächlich die correcte Verwendung der Maschinenkräfte in Frage, so daß sich die

Thätigkeit der Arbeiter auf die Bedienung und richtige
Leitung derselben beschränken kann, bei andern bereiten die
Betriebsmaschinen nur den Rohstoff für die weitere, durch
Menschenarbeit zu leistende, technische Verarbeitung vor.
Wenn man sich nun der Beantwortung der Frage zuwenden will, ob die Bevölkerung Ostpreußens den diesfälligen Anforderungen zu genügen vermag, so wird man
einerseits die Bevölkerungszahl andrerseits die Leistungsfähigkeit der einheimischen Arbeiter ins Auge zu fassen haben.
Ostpreußen ist namentlich in den südlichen Landstrichen so
dünn bevölkert, daß zu gewissen Zeiten kaum der volle
Bedarf für die landwirthschaftlichen Arbeitsverrichtungen
erreicht werden kann. Wenn man indeß berücksichtigt, daß
der Ackerbau vorwiegend körperlich rüstige Arbeitskräfte
beansprucht, während der Fabrikbetrieb fast ausnahmslos
leichtere Arbeitsverrichtungen im Gefolge hat, welche sich
durch die Thätigkeit von Frauen, Halberwachsenen, und
weniger kräftigen Männern bewältigen lassen, so dürfte
es keinem Zweifel unterliegen, daß für die zur Bedienung
der Maschinen und zu den gröberen Handleistungen erforderlichen Kräfte ein zulängliches Contingent aus dem
einheimischen Arbeiterstande disponibel gemacht werden
könnte. Was nun ferner die Beanlagung der Arbeiter
für die Fabrikthätigkeit betrifft, so ist zu berücksichtigen,
sdaß dieselben für die bezüglichen Verrichtungen, so weit
nicht blos die gröbsten und einfachsten Handdienste zu
leisten sind, noch besonders eingeschult werden müssen.
Die Schwierigkeiten, welche der Mangel an Verständniß für die zugewiesenen Verrichtungen und die Unbe-
holfenheit in der Ausübung derselben anfänglich der
correkten und normal eingreifenden Thätigkeit des Neu-
lings in der Fabrikarbeit entgegenstellen, lassen sich leicht
durch die verständige und geschickte Anleitung und Aufsicht
umsichtiger und einsichtsvoller Werkmeister und durch die
Heranziehung bereits eingeschulter Vorarbeiter aus andern
Fabriken beseitigen, da nach den in einzelnen Fällen ge-

machten praktischen Erfahrungen die Willigkeit, Ausdauer und das Geschick des einheimischen Arbeiters, mithin seine Bildungsfähigkeit für diesen Beschäftigungszweig, nicht zu bezweifeln sein dürfte.

Wo die Zahl der einheimischen Arbeiter für die Zwecke der Fabrikindustrie nicht ausreicht, gleicht sich das Deficit erfahrungsmäßig sehr bald durch Zuzug aus, so daß man auch in dieser Beziehung keine begründete Besorgniß hegen dürfte. In Ostpreußen wird es trotz der dünnen Bevölkerung einer großen Anzahl thätiger Arbeiter zu gewissen Zeiten schwer, sich ihren Lebensunterhalt zu erwerben. Die Ursache dieser Besonderheit liegt wesentlich darin, daß die Industrie noch nicht in richtiger Weise zur Geltung gelangt ist. Wenn man die Stunden zählt, welche der Tagelöhner entweder aus Trägheit oder aus andern Gründen feiert, so wird man finden, daß die Zeit der Unthätigkeit hier ungleich größer ist als bei irgend einer andern Branche menschlicher Thätigkeit. Es mangelt an der geordneten Regelmäßigkeit der Beschäftigung, wie sie die industrielle Thätigkeit naturgemäß mit sich bringt. Wenn der ostpreußische Arbeiter sich hieran gewöhnt, wird seine Leistungsfähigkeit mit der Arbeitstüchtigkeit der Bewohner der westlichen Provinzen ohne Schwierigkeit gleichen Schritt halten können. Selbstverständlich wird man in einer Provinz, welche erst für das industrielle Leben empfänglich gemacht werden soll, nicht gleich beim Beginn der Entwickelung ebenso glückliche Resultate erwarten können, wie in andern Provinzen, in denen sich dieser Uebergangsprozeß bereits vollzogen hat. Die bestehenden Hindernisse sind jedoch, wie vorhin auseinandergesetzt, nicht unübersteiglich, sie werden sich, wenn man mit Verständniß und Vertrauen auf ihre Beseitigung hinarbeitet, ohne große Schwierigkeit überwinden lassen. Derartige Uebergangserscheinungen machen sich mehr oder weniger überall geltend, wo die volkswirthschaftliche Thätigkeit eines Landes in eine neue Bahn geleitet wird. Der industrielle Aufschwung eines Landes läßt sich eben nicht mit einem Schlage hervorzaubern, er muß seinen eigenthümlichen Entwickelungsgang gehen, wird aber nirgends ausbleiben, wo man unter verständiger Berücksichtigung der gegebenen Verhältnisse die richtigen Mittel zur Anwendung bringt.

Für die technische Leitung des Fabrikbetriebes liegen die Verhältnisse gegenwärtig gleichfalls noch nicht besonders günstig. Mit Ausnahme weniger Fabrikationszweige macht sich ein empfindlicher Mangel an industriellen Technikern fühlbar. Wenn man indeß in Erwägung zieht, daß die Zahl der eigentlichen Techniker bei den meisten Fabriken eine verhältnißmäßig geringe ist, der Bedarf auch leicht durch die richtige Auswahl unter den in andern Provinzen vorhandenen tüchtigen und intelligenten Kräften gedeckt werden kann, so wird man dem zur Zeit herrschenden Mangel keinen überwiegenden Einfluß auf die Lebens- und Entwickelungsfähigkeit der Industrie einräumen dürfen. Allerdings würde fortdauernd darauf Bedacht zu nehmen sein, durch Einrichtung polytechnischer Schulen auch die einheimische Bevölkerung für die industrielle Technik heranzubilden.

Hinsichtlich der Arbeitslöhne stellen sich die für den rentabeln Fabrikbetrieb maaßgebenden Voraussetzungen entschieden günstiger als in andern Provinzen. Ostpreußen hat den großen Vortheil, daß es als getreidebauendes Land seiner Bevölkerung für alle Zeiten einen wohlfeilen Lebensunterhalt gewähren kann. Der geringere Kostenaufwand für die allgemeinen Lebensbedürfnisse hat naturgemäß einen mäßigeren Lohnanspruch zur Folge. Namentlich würde man bezüglich der in den meisten Fabriken in bedeutendem Umfange verwendbaren Frauenarbeit keinen zu hoch gespannten Lohnforderungen begegnen. Da sich die Lohnsätze je nach der Entfernung von den größeren Städten erheblich abstufen, so dürfte, falls die sonstigen Vorbedingungen des betreffenden Fabrikationszweiges zutreffen, eine mittlere oder kleine Stadt als Anlageort den Vorzug verdienen.

Schließlich kann ich ein Bedenken nicht unerwähnt lassen, welches in landwirthschaftlichen Kreisen gegen die Förderung der Industrie in Ostpreußen laut geworden ist: die Befürchtung, daß der Landwirthschaft dadurch die nothwendigen Arbeitskräfte entzogen oder doch unverhältnißmäßig vertheuert werden. Diese Annahme ist einerseits deshalb unzutreffend, weil die Fabrikindustrie bei der Mehrzahl ihrer Arbeiter eine technische Vorbereitung voraussetzt, sich auch — wie schon vorhin bemerkt — meistentheils solcher Arbeiten bedient, welche die Landwirthschaft ohnehin für ihre Zwecke nicht in Anspruch nehmen kann, endlich auch stets eine große Zahl von Arbeitern eine größere Neigung für die freiere Beschäftigung in der Landwirthschaft als, für die einförmige Thätigkeit in den Fabriken hegen wird. Erfahrungsmäßig haben sich übrigens auch in andern, wesentlich auf den Ackerbau gewiesenen, Provinzen ähnliche Verhältnisse ohne Nachtheil für die Landwirthschaft ausgeglichen, und würden in Ostpreußen noch weniger störend in den Ackerbau eingreifen, wenn der Landmann seine wirthschaftlichen Verhältnisse derart regelt, daß er die erforderlichen Arbeitskräfte d a u e r n d in Thätigkeit erhält und möglichst viele Arbeiter durch f e s t e Dienstverhältnisse zu fesseln sucht. Eine dauernde Vertheuerung der Arbeitslöhne wäre gleichfalls nicht zu besorgen. Es werden sich in dieser Beziehung mit kurzen Uebergängen normale Verhältnisse herausbilden, welche nach keiner Seite hin ein Uebergewicht aufkommen lassen.

III. Absatz der Fabrikate.

Die Rentabilität des Fabrikbetriebes wird wesentlich dadurch bedingt, daß sich der Unternehmer in die Lage versetzen kann, die verfertigte Waare zu einem angemessenen Preise, d. h. für einen Geldwerth abzusetzen, welcher ihm außer dem Ersatz der für das Rohmaterial und den Betrieb aufgewendeten Kosten einen so erheblichen Ueberschuß sichert, daß er dem im Laufe der Zeit an ihn herantretenden Bedürfniß der Ergänzung und Verbesserung der baulichen und Maschinen=Anlagen durch Ansammlung eines Reservefonds Rechnung zu tragen vermag, und ihm über- dies ein der Capitalseinlage entsprechender Reingewinn gesichert wird. Da, wo die Benutzung bestehender be- ziehungsweise die Anknüpfung neuer Handelsconjuncturen die Möglichkeit gewährt, dieses Resultat zu erzielen, kann man der Industrie die Lebensfähigkeit nicht absprechen.

Für den Absatz sind zwei Eventualitäten ins Auge zu fassen:

1. Das allgemeine Bedürfniß ist durch die bereits anderwärts thätige Industrie nicht gedeckt. Dann hat der mit dem Fabrikbetriebe verbundene Handel ein leichtes Spiel.

2. Es bestehen bereits gleichartige Fabriken in genügendem Umfange. Dann fällt dem Unternehmer die Aufgabe zu, den Weg der Concurrenz zu betreten d. h. entweder ein besseres Fabrikat für den concurrirenden Preis oder ein gleich gutes Fabrikat für einen billigeren Preis zu liefern. Kann oder will er dieses nicht, so muß er sich neue Absatzquellen eröffnen, weitere Kreise für den Ankauf seiner Fabrikate empfänglich machen. Es würde nun zu weit führen, wenn ich an dieser Stelle den Nach- weis liefern wollte, daß die Erweiterung des Absatzge- bietes den umsichtigen und thatkräftigen Bemühungen eines Handelsstandes, welcher mit Verständniß sowie richtiger Erkenntniß und Benutzung der Handelsbeziehungen an diese Aufgabe herantritt, bei dem Absatz mancher der ein- heimischen Fabrikation zu erschließenden Artikel gelingen dürfte. Ich will hier nur die Möglichkeit der Concurrenz mit den Fabriken andrer Provinzen in den Kreis meiner Betrachtung ziehen. In dieser Beziehung halte ich die Annahme für gerechtfertigt, daß die Fabrikationszweige, bei denen das Rohmaterial im Lande selbst in ausreichen- der Menge und Güte bereit liegt oder mit ebenso geringen Kosten wie in andern Provinzen zur Stelle geschafft werden kann, der Concurrenz andrer Fabriken mit Erfolg

die Spitze bieten können. Die Waare läßt sich, wie vorhin dargelegt, ebenso gut und verhältnißmäßig billig herstellen. Die Communikation für den Absatz stellt sich gleichfalls nicht theurer dar, falls die Fabriken an Orten angelegt werden, welche dem Eisenbahn- oder Schiffsverkehr nicht zu fern gerückt sind. Die Fabrikate werden daher ohne Schwierigkeit einen dem Bedürfniß entsprechenden Absatz zu einem Preise finden können, welcher dem Unternehmer die vorhin angedeuteten Vortheile gewährleistet.

Man würde sich namentlich von der Flachs- und Woll-Industrie, Stärkefabrikation, Verarbeitung von Bernstein zu technischen Zwecken (Lack, Firniß, Oel) und zu Schmucksachen u. s. w. die günstigsten Erfolge versprechen können, wenn in der Auswahl der Fabrikstätte, dem Umfang des Betriebes und der Vermittelung des Absatzes die richtigen Verhältnisse eingehalten werden.

———

Wenn nun die Industrie in Ostpreußen sich noch nicht auf die den vorentwickelten Verhältnissen entsprechende Höhe hat erheben können, sich vielmehr nur in einzelnen Fabrikationszweigen der Fortentwickelung nähert, in andern aber geradezu die Merkmale des Rückschritts, oder doch wenigstens des Stillstandes, erkennen läßt, so erscheint es geboten, den Ursachen dieser befremdenden Erscheinung näher zu treten.

In erster Linie steht das fast allgemein in den maaßgebenden Kreisen herrschende Vorurteil gegen die Möglichkeit des Gelingens industrieller Unternehmungen, der Zweifel an der Lebens- und Bildungsfähigkeit der Industrie oder doch wenigstens derjenigen Industriezweige, welche nicht schon seit längster Zeit im Lande Wurzel gefaßt und sich als lebenskräftig erwiesen haben. Dieses Vorurteil ist wesentlich durch die Mißerfolge, welche fast sämmtliche in den letzten Jahrzehnten ins Leben gerufenen neuen industriellen Unternehmungen aufzuweisen haben,

3

hervorgerufen. Diejenigen, welche sich über die Möglich-
lichkeit eines industriellen Aufschwungs unserer Provinz
absprechend äußern, begnügen sich in der Regel mit dem
Hinweis auf diese ungünstigen praktischen Resultate und
suchen nur selten den eigentlichen Ursachen dieser Erscheinung näher zu treten. Wollte man aber dem Anlaß des
Fehlschlagens der industriellen Unternehmungen in den
einzelnen Fällen auf den Grund gehen, so würde man
feststellen können, daß nicht der Mangel irgend eines der
Grundelemente der Industrie den Mißerfolg verschuldet,
vielmehr theils die persönliche Unfähigkeit des Unternehmers, theils die unrichtige Wahl des Fabrikorts, theils
eine unrichtige Fabrikationsmethode, theils finanzielle Calamitäten theils endlich ungeschickte, technische Leitung den
Fall oder Rückgang des Unternehmens zur Folge gehabt
haben. Es ist allerdings nicht zu leugnen, daß die Provinz Preußen für manche Industriezweige absolut keinen
sichern Boden gewährt, es ist ferner auch nicht zu verkennen, daß die Grenzsperre gegen Rußland, die Eisenzölle, die noch nicht ganz überwundenen Mängel einer
gleichmäßigen Communikation dem Umfange der industriellen
Unternehmungen zur Zeit noch gewisse Schranken setzen,
deshalb darf man aber die Möglichkeit einer dieser Be-
grenzung entsprechenden Entwickelung der Industrie nicht
in Frage stellen. Die angedeuteten Mißstände machen sich
mehr oder weniger auch in den andern die russische Grenze
berührenden Provinzen fühlbar, und haben doch den Aufschwung der Industrie an den für ihre Cultivirung geeigneten Orten nicht zurückzuhalten vermocht. Das rege,
in den letzten Jahrzehnten schnell vorgeschrittene, industrielle
Leben der Stadt Elbing giebt uns das augenfälligste
Beispiel dafür, daß die erwähnten Verhältnisse keineswegs
die industrielle Entwickelung so erheblich beeinträchtigen,
als das allgemeine Urtheil es anzunehmen geneigt ist.
Die russische Grenzsperre verschließt zwar dem Absatz der
Fabrikate ein großes Gebiet, isolirt aber Ostpreußen

weniger als andre gleich gelegene Provinzen, da die Möglichkeit des Seetransports den Absatz der Fabrikate nach andern Richtungen hin wesentlich erleichtert. Selbst wenn man aber diesen Vortheil außer Beachtung lassen wollte, wird man doch nicht leugnen können, daß die Fabrikation in der Beschränkung auf das Bedürfniß der Provinz der einheimischen Industrie vorbehalten werden könnte, daß also, selbst wenn man sich Ostpreußen bezüglich des Absatzes der Fabrikate als ein vollständig isolirtes Gebiet denken wollte, immerhin die Möglichkeit bliebe, industrielle Unternehmungen in einem, der Befriedigung des eigenen Bedürfnisses der Bevölkerung angepaßten, Umfange in Betrieb zu setzen. Man würde sich dann wenigstens bezüglich der einheimischen Rohstoffe, welche durch fabrikmäßige Verarbeitung in Artikel des eigenen Bedürfnisses verwandelt werden können, den Vortheil sichern, die durch die Fabrikation zu vermittelnde Gestaltung in der Provinz selbst zur Vollziehung zu bringen. Man würde mindestens in diesem Umfange dem ungesunden Zustande entgegenwirken können, daß das einheimische Rohmaterial zum Zweck der industriellen Verarbeitung ausgeführt und als Fabrikat wieder eingeführt wird.

Daß man den Einfluß des übrigens durch die neueste Gesetzgebung wesentlich reducirten Eisenzolls auf das Fabrikwesen vielfach überschätzt, zeigt das rasche Aufblühen und die gedeihliche Fortentwickelung einer nicht unbedeutenden Anzahl von Maschinenfabriken, also gerade derjenigen industriellen Unternehmungen, deren Bedarf unter dem Druck der Eisenzölle am meisten zu leiden hat.

Da sich nun endlich auch die Communikation, wie vorhin auseinandergesetzt, fortdauernd günstiger gestaltet, so fallen die Bedenken, welchen das angedeutete Vorurteil gegen die Lebensfähigkeit der Industrie in Ostpreußen seine Entstehung verdankt, in nichts zusammen. Eines ferneren Irrthums will ich nur noch vorübergehend erwäh-

nen, nämlich der Annahme, daß in Ostpreußen nicht ge-
nügende Capitalien für industrielle Zwecke flüssig gemacht
werden können; daß das Land zu arm ist, um der Industrie
die nothwendige finanzielle Nahrung zuführen zu können.
Es ist freilich richtig, daß Ostpreußen nur eine geringe
Anzahl größerer Capitalisten aufzuweisen hat, und daß
der Wohlstand im Allgemeinen weit hinter dem anderer
Provinzen zurückgeblieben ist. Indeß haben doch die bedeutenden speculativen Unternehmungen des letztverflossenen
Jahres den unzweideutigsten Beweis geliefert, daß die
Provinz sich nach der angedeuteten Richtung hin nicht mit
dem Armuthszeugniß decken darf. Unternehmungen, welche
eine günstige Capitalsanlage in Aussicht stellen, haben
bisher stets eine ausreichende Betheiligung gefunden und
werden sich auch fernerhin einer willkommenen Unterstützung
zu erfreuen haben, sobald es gelingt den Strom der Capitalsanlage in die entsprechende Bahn hinein zu leiten.
Die größeren Capitalisten haben in jüngster Zeit ihre
disponibeln Fonds meistens dazu verwendet, bedeutende
gewerbliche Etablissements — namentlich Anlagen von
bereits bewährter Rentabilität — zu erwerben oder auch
unter gleich günstigen Verhältnissen neu einzurichten, um
sie demnächst mit einem reichlichen Preiszuschlag, dem sog.
Gründungsgewinn, auf eine von ihnen ins Leben gerufene
Actiengesellschaft übergehen zu lassen. Für die Betheiligung an derselben hat man vorzugsweise das kleine Capital durch alle möglichen Mittel der Reclame zu interessiren
gesucht. Diese Unternehmungen absorbiren um so größere
Fonds, als die Möglichkeit der günstigen verzinslichen
Anlage des Capitals durch den Stand des Geldmarktes
immer mehr in den Hintergrund gedrängt wird, durch
die Rückzahlung der Staats- und Bundes-Anleihe aber
fortdauernd neue Fonds flüssig werden, für deren rentable
Anlegung der Capitalist Sorge tragen muß. Der große
Capitalist verfolgt nun bei der Gründung industrieller
Actienunternehmungen der Regel nach den Zweck, ein

möglichst gewinnbringendes Geschäft zu machen. Sobald
er sich den erstrebten Gewinn gesichert hat, erlischt bei
ihm das Interesse für die gedeihliche Fortentwickelung
des Unternehmens. Sein Interesse ist in der Regel
nur darauf gerichtet, daß das von ihm eingeleitete speculative Geldgeschäft mit möglichst leichter Mühwaltung,
möglichst geringem Kostenaufwande und möglichst hohem
Gewinn in kürzester Frist abgewickelt wird, damit er
die Capitalseinlage und den Gewinn baldigst neuen
Unternehmungen zuwenden kann. Bei der Gründung
der industriellen Actiengesellschaften der Neuzeit tritt nicht
die Absicht, eine bestehende industrielle Anlage zu erhalten, zu erweitern oder zu verbessern oder einen neuen
Industriezweig mit bestimmter oder wahrscheinlicher Aussicht auf eine günstige Rentabilität ins Leben zu rufen,
sondern vielmehr die kaufmännische Geldspeculation in
den Vordergrund. Einen Hauptfactor bildet bei dieser
Speculation der schon erwähnte Gründungsgewinn, d. h.
die Summe, welche die Gründer des Actienunternehmens
sich für die Ueberlassung des Gegenstandes desselben an
die zu constituirende Actiengesellschaft über den Erwerbs-
preis hinaus in Anrechnung bringen. Dieser Gewinn
ist einerseits dazu bestimmt, die Gründer für die Mühwaltung, sowie für den Zeit- und Kostenaufwand in dem
geschäftlichen Arrangement zu entschädigen, wird aber
andrerseits und hauptsächlich dadurch motivirt, daß für
die Möglichkeit des Fehlschlagens der Constituirung der
Actiengesellschaft in geeigneter Weise Deckung geschaffen
werden muß. Diese Rücksichten haben nicht allein vom
kaufmännischen sondern auch vom allgemeinen geschäftlichen Standpunkt aus ihre volle Berechtigung, vorausge-
setzt daß zur Erzielung dieses Gewinns nicht etwa Mittel
der Reclame angewendet werden, welche darauf berechnet
sind, das Publikum im Interesse des schleunigen und vor-
theilhaften Absatzes der Actien durch unrichtige Vorstellun-
gen zu täuschen. Für den Aufschwung der Industrie sind

indeß derartige Unternehmungen von zweifelhaftem Werthe. Wenn wir die einzelnen Gruppen derselben zum Gegenstande der Betrachtung machen, so gelangen wir in dieser Beziehung zu folgenden Resultaten:

1. Ueberführung bereits bestehender industrieller Anlagen auf eine Actiengesellschaft.

Man hat hiebei

a) solchen Unternehmungen die Aufmerksamkeit zugewendet, welche in Ermangelung des zum Betriebe oder zur Erweiterung der Handelsbeziehungen erforderlichen Capitals oder in Ermangelung der correcten kaufmännischen Leitung keinen normalen Aufschwung zu nehmen vermochten,

b) solche industrielle Etablissements erworben, welche sich bereits längere Zeit als besonders lebenskräftig und rentabel bewährt haben.

Im ersteren Falle läßt es sich zwar nicht verkennen, daß die Bildung einer Actiengesellschaft der Erhaltung und Fortentwickelung des betreffenden industriellen Unternehmens eine günstigere Wendung geben kann, indeß wird man hiebei nicht übersehen dürfen, daß hiedurch ein dem Interesse der angemessenen Rentabilität entsprechendes Resultat nur dann zu erzielen sein dürfte, wenn die Gründer des Actienunternehmens von einem Gründungsgewinn ganz Abstand nehmen oder sich doch mit der mäßigsten Summe begnügen, und wenn außerdem die Verwaltung so wenig kostspielig als möglich eingerichtet wird.

Im zweiten Falle kann hingegen der Industrie kein wesentlicher Vortheil erwachsen, da Unternehmungen, welche mit richtigem Verständniß geleitet werden, und mit genügenden Betriebsmitteln ausgestattet sind, durch den Aufschlag eines bedeutenden Gründungsgewinns und die vielfach vertheuerte Administration unbedingt einen Rückschlag erleiden müssen, und nur unter besonders günstigen Conjuncturen zu einer allmäligen Wiederherstellung der früheren

Rentabilität, in den seltensten Fällen zu einem erhöhten Aufschwung des Unternehmens führen können.

Als eine zweite Form der Gestaltung von Actienge-sellschaften tritt die Gründung neuer industrieller Anlagen hervor. Auch hier 'hat sich bisher der Regel nach der kaufmännisch speculative Gesichtspunkt in den Vordergrund gedrängt. Die Gründer haben fast ausschließlich ihr Augen-merk arf diejenigen industriellen Geschäftszweige gerichtet, welche sich bereits erfahrungsmäßig als rentabel bewiesen haben, bei denen ihnen daher die günstige Stimmung der zu derartigen Geldanlagen geneigten Capitalisten gewiß sein mußte. Die kaufmännisch industrielle Bewegung hat sich in dieser Richtung gegenwärtig noch nicht über die Schranken einer mühelosen Speculation hinausgewagt. Neuen, in Ostpreußen noch nicht eingeführten, Industrie-zweigen hat sich das große Capital nicht allein passiv, sondern geradezu abwehrend gegenüber gestellt.

Dieses Verhalten der großen Capitalisten ist zwar an sich der Fortentwickelung der Industrie wenig förder-lich, bildet aber doch immerhin insofern ein natürliches Glied in der Kette des industriellen Culturlebens, als diejenigen Fabrikationszweige, deren Gedeihen bereits con-statirt ist, zuerst die den Verhältnissen entsprechende Aus-dehnung gewinnen müssen, bevor neue, noch nicht durch practische Erfahrungen bewährte, Industriezweige in An-griff genommen werden können. Die kaufmännisch industrielle Bewegung wird mit der erschöpften Ausdehnung der äl-teren Fabrikationszweige nothwendig in die Bahn neuer lebensfähiger Unternehmungen einlenken müssen, falls dieser Entwickelungsgang nicht etwa durch erneute Stö-rungen des Geldmarktes aufgehalten wird. Wir befinden uns hier in einem Uebergangsstadium, welches vielleicht schon in nächster Zeit einen weiteren Fortschritt im Sinne des Durchbruchs neuer industrieller Versuche erkennen lassen wird. Wenn sich nun auch in dieser Beziehung der industriellen Bewegung in Ostpreußen nicht gerade ein ungünstiges Prognostikon stellen läßt, kann man es sich doch nicht verhehlen, daß die herrschende Strömung insofern noch nicht die normale Richtung angenommen hat, als das Verhältniß des Unternehmers zu dem Capitalisten zur Zeit noch nicht in das richtige Gleichgewicht gebracht ist, das Uebergewicht des Letzteren sich vielmehr fast durchgängig geltend macht. Gegenwärtig ist der Unternehmer, falls er sich nicht in der Lage befindet, das Anlage- und Betriebs-Capital seinen eigenen Mitteln zu entnehmen, — was indeß in den seltensten Fällen zutrifft — genöthigt, sich dem mächtigen Einfluß der größeren Capitalisten unterzuordnen. Die eigentliche industrielle Thatkraft, das geistige Element des Unternehmers, wird dadurch dem Capital in einer Weise dienstbar gemacht, welche in vielen Fällen die Thätigkeit des Unternehmers lähmen, ihn zu einem bloßen Werkzeug des Capitalisten herabdrücken muß. Diese Situation ist einer gesunden Entwickelung der Industrie nicht zuträglich, weil sie dem geistigen Element derselben Fesseln anlegt, die Schwungkraft der Intelligenz durch das Gewicht der materiellen Interessen zu Boden zieht. Soll sich ein industrielles Unternehmen zum gedeihlichen Fortschritt herausarbeiten, so müssen beide Elemente: das geistige und das materielle sich gegenseitig stützen, als gleichberechtigte Factoren neben einander stehen und in einander greifen.

Der Kaufmannsstand hat die Aufgabe, der Industrie Capital und Material zuzuführen, und durch seine Vermittelung dem Absatz der Fabrikate die Wege zu ebnen. Er fördert nur sein eigenes Interesse, wenn er die Industrie stützt. Diese muß aber hauptsächlich aus dem Unternehmungsgeiste derjenigen hervorgehen, welche ausgerüstet mit den Mitteln und Fähigkeiten für eine industrielle Unternehmung auch den Muth haben, den Anfangsschwierigkeiten derselben unverdrossen die Spitze zu bieten. Ihre Erfolge ziehen dann das Capital herbei, und, wenn diesen eine Betheiligung in offener und sachgemäßer Weise geboten

wird, dürfte auch das gegenwärtig gegen Actienunternehmungen herrschende Vorurteil schwinden. Hoffen wir, daß
der Gemeinsinn, welcher durch die materielle Zeitströmung
nur unterdrückt und nicht erstickt ist, nicht blos als hohle
Phrase, als Deckmantel für egoistische Bestrebungen, eine
Scheinexistenz fristen darf, sondern aus der Triebkraft der
Vaterlandsliebe heraus in der Culturbewegung wieder
feste Wurzel schlagen möge, daß bald wieder Capitalisten
hervortreten mögen, welche aus treuer Anhänglichkeit an
das Land, welches die Wiege ihrer Existenz und ihres
Reichthums gewesen ist, sich die Mühe nicht verdrießen
lassen, in demselben eine Bahn zu brechen für das, was
in andern Staaten und Provinzen schon längst die herr-
lichsten Früchte eines gesicherten Wohlstandes getragen hat.

Neben dem Capital in Form der unmittelbaren
Einlage spielen aber auch die Creditverhältnisse des in-
dustriellen Unternehmers eine nicht unbedeutende Rolle.
Der Credit bietet demselben die erwünschte Gelegenheit,
sich von der Bewerbung um die directe Betheiligung des
Capitals zu emancipiren, und seine geschäftlichen Bezie-
hungen mit größerer Freiheit und Selbständigkeit zu regeln.
Selbstverständlich kann der Credit aber nur dann von
Nutzen sein, wenn er dem Unternehmer jederzeit die
erforderlichen Geldmittel unter mäßiger Verzinsung zur
Verfügung stellt. Fassen wir die hierauf bezüglichen
Verhältnisse der Provinz Preußen ins Auge, so stoßen
wir hier auf ganz unfertige und unzuträgliche Zustände.
Der industrielle Unternehmer, welcher nicht etwa durch
eigenes disponibles Capital oder durch Association mit
Capitalisten einen sichern Rückhalt gewonnen hat, vielmehr
genöthigt ist, in größerem oder geringerem Maaßstabe
Credit zu suchen, stößt in dieser Richtung auf Hindernisse,
welche er nur unter den günstigsten Rentabilitätsverhält-
nissen zu überwinden vermag. Der Real-Credit ist ihm
fast ganz verschlossen. Die für diese Art der Beleihung
geneigten Capitalisten wenden ihre Aufmerksamkeit fast

ausſchließlich dem anderweiten ſtädtiſchen und ländlichen Grundbeſitz zu, weil ihnen — und hierein kann man ihnen vom Standpunkt der Sicherheit aus nicht Unrecht geben — die Schwierigkeit der Verwerthung des ihnen dargebotenen Sicherheitsobjects im Falle des Vermögens- verfalls des Unternehmers als ein Schreckgeſpenſt vor- ſchwebt. Aus demſelben Grunde zieht ſich auch das durch Stiftungen, Corporationen und Creditinſtitute repräſentirte Capital von der Beleihung induſtrieller Anlagen zurück, ſo daß der Unternehmer der Regel nach außer Stande iſt, ſein Beſitzthum auch nur für den mäßigſten Realcredit als Unterlage zu benutzen. Die Provinzialhilfskaſſe für Preußen, welcher neben andern gemeinnützigen Aufgaben auch die Beſtimmung zugefallen iſt, dieſem Mißſtande in geeigneter Weiſe abzuhelfen, iſt gegenwärtig bezüglich der Beleihung gewerblicher Anlagen, durch die auf Antrag der Provinzial- Vertretung ergangene Cabinetsordre vom 4. Septbr. 1871 auf die Sicherung der Darlehne innerhalb der Hälfte des Materialien-Taxwerths der Gebäude ange- wieſen. Dieſe Beſchränkung macht die erfolgreiche und nachhaltige Unterſtützung der induſtriellen Unternehmer in den überwiegend häufigſten Fällen illuſoriſch. Der Materialienwerth der Gebäude repräſentirt bei den meiſten gewerblichen Anlagen eine ſo geringe Quote des geſammten Anlagecapitals, und einen ſo geringen Theil des Ertrags- werthes, daß dem Unternehmer mit einem derartig fundirten Realcredit keine weſentliche Hilfe geleiſtet werden kann. Die Provinzialhilfskaſſe genügt hienach dem hervortretenden Bedürfniß nicht. Es exiſtirt mithin zur Zeit kein Credit- inſtitut, welches dem Induſtriellen ein feſtes oder günſtig zu amortiſirendes Capital zu einem mäßigen Zinsfuß unter Berückſichtigung einer angemeſſenen Sicherheitsgrenze zur Verfügung ſtellt. Der Unternehmer iſt daher für ſeinen Creditbedarf der Hauptſache nach auf den Perſonalcredit angewieſen, mithin der Gunſt beraubt, ſein Beſitzthum als Creditobject für die Intereſſen ſeines Unternehmens in zulänglichem Umfange verwerthen zu können. Es gehört deshalb zur Anlage und zum Betrieb eines industriellen Unternehmens eine verhältnißmäßig bedeutende Summe flüssigen Capitals oder ein weitgreifender Personalcredit. Der Letztere ist von den bestehenden Creditinstituten gleichfalls nur in beschränktem Umfange, von den Capitalisten nur unter erschwerenden Bedingungen zu erlangen. Es macht sich hier das Bedürfniß eines Bankinstituts fühlbar, welches dem Creditbedarf der industriellen Unternehmer jeder Zeit, namentlich in Zeiten finanzieller Calamitäten, in angemessener Weise Rechnung trägt, und es verhindert, daß der Unternehmer dem Geldwucherer in die Hände fällt und dadurch einem sichern Ruin entgegeneilt.

***

Wenn ich nun im Vorigen den Versuch gemacht habe, die Lebens- und Entwickelungsfähigkeit der Industrie in Ostpreußen in das richtige Licht zu setzen, wenn ich ferner die Hindernisse angedeutet habe, welche sich dem wünschenswerthen Aufschwung der Industrie entgegenstellen, so bleibt mir schließlich nur noch die Darlegung derjenigen Mittel übrig, durch welche nach meiner Auffassung den bestehenden Mißständen nachhaltig abgeholfen werden könnte.

I.

Mit Rücksicht auf die eminente Bedeutsamkeit der Industrie für den Nationalwohlstand und die Volkswirthschaft fällt zunächst der Staatsverwaltung die Aufgabe zu, in allen Provinzen, in denen sich die Grundelemente, die Vorbedingungen des industriellen Culturlebens erkennen lassen, auf die normale Entwickelung derselben in geigneter Weise einzuwirken. Diese Einwirkung darf selbstverständlich nicht in einem directen und unmittelbaren Eingreifen in die industrielle Thätigkeit bestehen, da hiedurch der freien Beweglichkeit derselben leicht Eintrag geschehen kann. Die Staatsregierung muß sich auf eine sachkundige

Anregung, Förderung und Unterstützung beschränken, und mit allen ihr zu Gebote stehenden Mitteln auf die Wegräumung der Hindernisse hinarbeiten, welche sich nach dieser oder jener Richtung hin dem Aufschwung der Industrie in den Weg stellen. Sie wird also namentlich durch eine geeignete Organisation der erforderlichen Unterrichtsanstalten Gelegenheit zur tüchtigen Vorbildung der Industriellen bieten, für die Erleichterung der weiteren Fortbildung Sorge tragen, endlich auch bemüht sein müssen, durch Aufschließung von Verkehrsmitteln und Absatzquellen, durch Begründung oder Vermittelung von Creditanstalten und auf jede andere geeignete Weise anregend, belehrend und fördernd zu wirken.

Das Verhalten der belgischen Staatsregierung in der ersten Hälfte dieses Jahrhunderts bietet so mannigfache Fingerzeige für die Wege, welche die Staatsverwaltung im Interesse der schnellen und sichern Erreichung des angedeuteten Ziels einschlagen kann, daß ein kurzer Ueberblick der bezüglichen Maaßnahmen nicht ohne Interesse sein dürfte.

Als in den ersten Jahrzehnten dieses Jahrhunderts die belgische Industrie rückgängige Bewegungen machte, und die Gefahr nahe lag, daß sie von dem Unternehmungsgeist der Nachbarstaaten überflügelt werden könnte, rief die belgische Staatsregierung im Jahre 1822 unter wesentlicher Betheiligung der Staatskasse die „Allgemeine niederländische Gesellschaft zur Förderung der vaterländischen Gewerbethätigkeit" (ein Bank-Institut mit einem Grundcapital von 50,000,000 holländischer Gulden) ins Leben.

Dieses Institut hatte vorzugsweise die Bestimmung, die bestehenden gewerblichen Anlagen zu unterstützen, hatte sich aber auch die Aufgabe gestellt, die Begründung neuer industrieller Unternehmungen theils direct theils durch Vermittelung in die Wege zu leiten. In ersterer Beziehung suchte sie namentlich da unterstützend und anregend

einzutreten, wo an sich lebensfähige industrielle Unternehmungen lediglich deshalb in der Entwickelung zurück-
blieben, weil es den Unternehmern an den für die mögliche
Ausdehnung des Geschäftsbetriebes erforderlichen Fonds
mangelte. Man ging hiebei von dem richtigen Gesichtspunkt aus, daß jede Erweiterung eines bestehenden
rentabeln Fabrikgeschäfts, sofern der Absatz der Fabrikate
gesichert ist, dem Unternehmer verhältnißmäßig erheblichere
Vortheile sichern muß, als wenn ein neues der Erweiterung entsprechendes Etablissement geschaffen wird.

Der energischen Wirksamkeit des gedachten Credit-
vereins gelang es im Verlauf der Jahre 1833—1838
nicht allein eine große Zahl bestehender industrieller Unternehmungen zu erhalten beziehungsweise einer angemessenen
Betriebserweiterung zuzuführen, sondern außerdem noch
mehr als 30 neue Fabrikanlagen von bedeutendem Umfange zu begründen.

Um die geschaffenen neuen Unternehmungen auf der
für ihren dauernden Aufschwung erforderlichen Höhe zu
erhalten und in ihrer Fortentwickelung nachhaltig zu be-
festigen, rief die belgische Staatsregierung im Jahre 1838
einen Verein ins Leben, welcher in besonderer Berücksichtigung der Leineninindustrie die Verbreitung guter Arbeits-
methoden ins Auge faßte, sein Augenmerk aber auch darauf
richtete, den Sinn für die Industrie im Allgemeinen zu
wecken, die Einführung neuer Industriezweige anzubahnen
und die einheimischen Unternehmer sowohl über die technischen Fortschritte, als über die für den Absatz bedeu-
tungsvollen Verhältnisse aufzuklären und zu informiren.
An der Geschäftsführung dieses Vereins betheiligte sich
die Regierung nicht, nahm aber fortdauernd darauf Bedacht, die Erfüllung des Vereinszwecks durch ihre Organe
zu unterstützen, den Verein auf der Bahn zu erhalten,
welche sie im Interesse des industriellen Fortschritts als
die richtige erkennen zu müssen glaubte.

Im Jahre 1847 ging die belgische Staatsregierung

noch weiter vor. Sie begründete an den geeigneten Orten
Musterwerkstätten. Hiebei wurde folgendes Verfahren
beobachtet. Zuvörderst stellte man unter Berücksichtigung
der neuesten Erfindungen und Erfahrungen ein mit dem
vollständigsten Maschinen=Apparat ausgestattetes Fabrik=
Etablissement her. Die Kosten dieser Anlage wurden, je
nach der Prästationsfähigkeit der Ortsgemeinden, entweder
unter größerer oder geringerer Mitbetheiligung des Staats
aus Communalfonds bestritten oder ausschließlich auf die
Staatskasse übernommen. Für den Betrieb einer solchen
Fabrikanlage suchte man einen bewährten Werkmeister
und die geschicktesten und tüchtigsten Arbeiter der betreffenden Fabrikations-Branche zu gewinnen. Die Oberleitung
wurde mit sorgfältiger Auswahl unter den geeignetsten
Persönlichkeiten einem Fabrikanten oder Kaufmann übertragen, welcher den gesammten wirthschaftlichen Theil des
Unternehmens mit fast unbeschränkter Selbständigkeit zu
verwalten hatte, und für diesen Zweck nach Bedürfniß
mit den erforderlichen Geldmitteln ausgestattet wurde. In
einzelnen Fällen — namentlich da, wo die Rentabilität
vorweg nicht bezweifelt werden durfte, eine Auswahl unter bemittelten Unternehmern sonach keine Schwierigkeiten
bot — mußte der Verwalter die Einrichtung der Fabrik
nach Anweisung der Regierung auf eigene Kosten übernehmen, und wurde nur mit dem erforderlichen Betriebs-
Capital unterstützt.

Die Bedingungen, unter denen das vorbeschriebene
Arrangement vereinbart wurde, waren der Regel nach
folgende:

Der Unternehmer mußte sich der Regierung gegenüber verpflichten:

1. eine bestimmte Anzahl Arbeiter unter besonderer
   Berücksichtigung der Einwohner der Ortsgemeinde
   zu beschäftigen,

2. das erforderliche Arbeitsmaterial auf eigene Kosten
   anzuschaffen,

3. einen bestimmten Tagelohn beziehungsweise feste Accordsätze in Vereinbarung mit der Regierung zu normiren und einzuhalten,

4. die von der Regierung zu überweisenden Arbeits-Aspiranten zur Ausbildung zu übernehmen,

5. geübte Arbeiter nach Auswahl der Regierung an andere Musterwerkstätten abzugeben,

6. allen, durch einen Erlaubnißschein der Regierung legitimirten, Personen den Zutritt in die Fabrik zu gestatten, und ihnen die etwa gewünschte Information zu ertheilen,

7. den Fabrikbetrieb auf bestimmte vorgeschriebene Waarenartikel einzuschränken, endlich

8. die Organisation von Arbeiter-Spar-, Hilfs- und Pensions-Kassen ins Werk zu setzen.

Die Regierung stellte dagegen dem Unternehmer außer der Anlage selbst:

1. eine bestimmte Summe zur Prämiirung des Werk-meisters (Lehrmeisters),

2. eine Aversional-Entschädigung für die bei der Ein-übung der dem Unternehmer zugewiesenen Arbeits-Aspiranten nothwendigen Opfer an Arbeitsmaterial zur Verfügung, und machte sich außerdem anheischig, der Fabrik etwaige neue oder verbesserte Arbeitsvorrichtungen zuzuwenden, auch das nachweislich erforderliche Betriebs-Capital in Form unverzinslicher oder zu einem mäßigen Prozentsatz zu verzinsender Darlehen vorzustrecken. Die Ausgleichung der im Verlauf eines derartigen Vertrags-Verhältnisses hervortretenden Differenzen wurde einem Schiedsgericht unterstellt. Dem Unternehmer wurde übrigens freigestellt, die Fabrik jederzeit gegen vollen Ersatz der von der Staatsregierung, beziehungsweise der Gemeinde, auf die Einrichtung und den Betrieb gemachten Aufwen-dungen als unbeschränktes Eigenthum zu übernehmen.

Die der Staatsregierung in den gedachten Verträgen vorbehaltene Controle der Verwaltung des Unternehmens wurde in erster Linie durch Lokal-Commissionen ausgeübt, welche — der Regel nach unter dem Vorsitz des Bürgermeisters — aus fach= und geschäftskundigen Männern des Fabrikorts zusammengesetzt wurden. Die Oberaufsicht führte die Provinzialregierung innerhalb der Grenzen ihres Bezirks durch einen sog. Provinzial-Gewerbe-Inspector, dessen Functionen in der Regel dem Dirigenten der Gewerbe-Abtheilung der Provinzialregierung übertragen wurden.

In der vorbeschriebenen Weise sind in der gedachten Zeitperiode zahlreiche Musterwerkstätten für Leinenspinnerei und Weberei, für Stickerei, Spitzenfabrikation, Handschuh-fabrikation und andere industrielle Geschäftszweige gegründet, und nach kurzem Zeitverlauf in den Besitz gewandter und thätiger Fabrikanten übergeführt.

Um für diese Musterwerkstätten geeignete Arbeitskräfte aus der Zahl der Einwohner des Fabrikorts selbst zu gewinnen, organisirte die belgische Staatsregierung an den betreffenden Fabrikorten besondere technische Ar-beiter-Schulen. Die Kosten der Einrichtung und Unterhaltung wurden in ärmeren Communen ausschließlich aus Staatsmitteln, in leistungsfähigen Gemeinden unter grö-ßerer oder geringerer Betheiligung der Communalfonds — in einzelnen Fällen unter freiwilliger Beisteuer der Ortsein-gesessenen — aufgebracht. In diesen Schulen wurde neben dem Unterricht in den Elementarwissenschaften und der Theorie der bezüglichen Fabrikationszweige eine praktische Anleitung für die Handleistungen sowie für die Handha-bung und Bedienung der betreffenden Maschinen geben, damit die Schüler für die ihnen später in den Fabriken selbst zuertheilende Unterweisung empfänglich gemacht wer-den, und mit der entsprechenden Vorbildung für die technische Geschicklichkeit in den praktischen Fabrikbetrieb eintreten konnten. Diese Arbeiterschulen standen unter der gemein-samen Aufsicht des Provinzial-Schul- und des Provinzial-Gewerbeinspectors. Außer der Einrichtung dieser für die be-sondern Fabrikationszweige des Ortes bestimmten

Unterrichtsanstalten, welche naturgemäß den lokalen Verhältnissen angepaßt werden mußten, wandte die belgische
Staatsregierung auch der Organisation allgemeiner
Gewerbeschulen ihre volle Aufmerksamkeit zu. An
allen geeigneten Orten wurden dieselben durch Einwirkung
auf die Gemeinden ins Leben gerufen, und, sofern die
Letzteren nicht in der Lage waren, die erforderlichen Mittel
aufzubringen, in bereitwilligster Weise aus Staatsfonds
unterstützt. Der Unterrichtsplan dieser Schulanstalten
wurde von dem Gedanken getragen, daß die Zöglinge
wissenschaftlich in die Theorie sämmtlicher Gewerbe eingeführt und für das Verständniß aller wichtigeren Er-
scheinungen auf diesem Gebiete vorbereitet werden sollten.
Die Hauptunterrichtsgegenstände waren daher Mathematik,
Physik, Chemie und Gewerbehaushalt.

Die belgische Staatsregierung sorgte aber nicht allein
für die Heranbildung tüchtiger und intelligenter Fabrikanten, sondern bemühte sich auch das Schicksal der er-
werbsunfähigen Arbeiter durch geeignete Maaßregeln möglichst günstig zu gestalten. In diesem Sinne wurde durch
ein Gesetz vom 8. Mai 1850 eine allgemeine Arbeiter-
pensionskasse gegründet. Zu dieser Kasse mußten die
Arbeiter mit bestimmten dem Verhältniß des Arbeits-
verdienstes angepaßten Jahres-Einlagen beisteuern. Der
Pensionsfonds wurde der Verwaltung der Regierung unterstellt, welche für die Pension die Staatsgarantie übernahm,
so daß niemals in der Pensionszahlung Stockungen oder
gar Verluste vorkommen konnten. Das Interesse für die
Industrie suchte die belgische Staatsregierung außerdem
dadurch zu wecken und rege zu halten, daß sie

1. Prämien für besonders gelungene Fabrikate so
   wie für die Erfindung von Verbesserungen der
   Fabrikationsmethoden aussetzte,
2. besonders befähigten Gewerbeschülern durch Reise-
   stipendien Gelegenheit zur Erweiterung ihrer
   Kenntnisse verschaffte,

4

3. eine besondere Gewerbezeitung ins Leben rief,
4. Industrie-Ausstellungen veranlaßte,
5. ein Gewerbemuseum in Brüssel einrichtete und
   mit einer reichhaltigen Sammlung von Modellen,
   Maschinen, Apparaten und Fabrikaten ausstattete.

Ein so nachhaltiges und umfassendes Eingreifen der Staatsregierung in die Culturentwickelung der Industrie konnte nur durch eine entsprechende Organisation der für diese Thätigkeit bestimmten Central- und Provinzial-Verwaltungsbehörden ermöglicht werden. Eine große Zahl Beamter von hervorragender Fachkenntniß, bewährter Umsicht und Thatkraft war dauernd bemüht, eine wohl organisirte Verbindung mit den Gemeinden und den Industriellen des Landes zu unterhalten, und sich stets eine vollständige und zuverlässige Uebersicht des Standes der Industrie zu verschaffen. Mit reichlichen Mitteln ausgestattet, konnten sie, da ihnen die für eine durchgreifende Wirksamkeit unerläßliche Selbständigkeit des Handelns in keiner Weise verschränkt wurde, stets an richtiger Stelle mit den geeigneten Mitteln anregend, fördernd und vermittelnd eintreten. Die günstigen Erfolge, welche sich an dieses Vorgehen der Staatsregierung anreihten, rechtfertigen den Schluß, daß man sich zur Erreichung des vorgesteckten Ziels der richtigen Mittel bedient hat. Belgien hat es wesentlich dieser energischen Wirksamkeit der Staatsregierung zu verdanken, daß es sich zu einer Hauptpflanzstätte der europäischen Industrie herangebildet, daß sich das Fabrikwesen dort zur höchsten Blüthe entfaltet hat.

Der gegenwärtig für die gleichen Zwecke thätige Verwaltungsapparat der preußischen Staatsregierung ist, abgesehen von der Unzulänglichkeit der zur Verfügung stehenden Fonds, nicht geeignet, dem gewerblichen Leben, namentlich in einer Provinz, in welcher sich dasselbe noch nicht durch die Schwierigkeiten der ersten Entwickelungsstadien hindurchgearbeitet hat, den erforderlichen Anstoß zu geben und es mit kräftiger Hand in die sichere Bahn des Fortschritts zu leiten. Wenn man in Erwägung zieht, daß die Gewerbe-Angelegenheiten, welche bei der belgischen Regierung die angestrengte Thätigkeit einer zahlreich besetzten besonderen Abtheilung ausschließlich absorbiren, bei den preußischen Regierungen von einem einzelnen Decernenten unter Beirath eines bautechnischen Mitgliedes des Regierungs-Collegiums bearbeitet werden, daß ferner die Leistungsfähigkeit dieser Beamten noch durch mannigfache andere Berufsgeschäfte in Anspruch genommen wird, ihnen auch wegen der in allen wichtigeren Fällen gebotenen Berichterstattung an die Centralbehörde die freie Beweglichkeit der belgischen Gewerbebehörden mangelt, so wird es einleuchten, daß es denselben beim besten Willen und der tüchtigsten Arbeitskraft nicht möglich sein dürfte, einen Geschäftsplan im Sinne der belgischen Regierungsmethode zur Ausführung zu bringen.

Man ist deshalb auch in Ostpreußen bei vereinzelten Versuchen zur Hebung der Industrie stehen geblieben, und hat nach verschiedenen Mißerfolgen auf dem Gebiete der Unterstützung gewerblicher Unternehmungen dem Vorurteil der Unfruchtbarkeit dieses Feldes der volkswirthschaftlichen Cultur immer mehr Boden eingeräumt.

Die Unterstützung der Unternehmer industrieller Anlagen durch Vorschüsse oder Darlehen ist auch in Belgien nicht selten von ungünstigen Erfolgen begleitet gewesen, und es bedarf in der That einer ganz besondern Vorsicht, um auf diesem Wege ersprießliche Resultate zu erzielen. Es ist einleuchtend, daß, wenn die Verwendung solcher Gelder keiner speziellen Controle unterliegt, an den Darleiher zu leicht die Versuchung herantritt, sich in Unternehmungen einzulassen, welche er nicht wagen würde, wenn er sein Geld von einem Capitalisten erhalten hätte, der seinen Schuldner im Auge behält und ihm kündigt, sobald er bemerkt, daß er von der Bahn der Vorsicht und der Oekonomie abweicht. Die Staatsverwaltung muß deshalb in solchen Fällen bemüht sein, sich sachverständige Organe zu schaffen, welche durch sorgfältige Beobachtung und sachkundige Controle dem Interesse der richtigen Verwendung der gewährten Mittel Rechnung tragen können.

Die unmittelbare Einführung neuer Industriezweige darf gleichfalls nur ausnahmsweise von der Staatsregierung in Angriff genommen werden. Nur da, wo entweder der Character des industriellen Unternehmens oder die besonderen Verhältnisse des Landes oder der Provinz so gestaltet sind, daß sich keine Private finden, welche das Risiko der ersten Einführung übernehmen wollen, wo also jeder Versuch der mittelbaren Einwirkung vergeblich sein würde, erscheint dieser Weg allein zweckmäßig, um der dauernden Ausbeutung des Landes durch auswärtige Arbeit die Spitze bieten zu können. Sobald indeß der auf diese Weise ins Leben gerufene Industriezweig so weit gediehen ist, daß seine Lebensfähigkeit nicht bezweifelt, und er ohne weitere Unterstützung der selbständigen Fortentwickelung zugeführt werden kann, ist es die Aufgabe des Staats, ihn dem in allen Fällen einfacheren, energischeren und darum nutzbringenderen Privatbetriebe zu überlassen, und das dadurch frei werdende Capital demselben Zweck in der gleichen oder in einer andern Form zuzuwenden.

Muß es hienach als Regel festgehalten werden, daß der Staat nur dazu berufen ist, der Industrie durch vorbereitende, anregende, anleitende und vermittelnde Maaßregeln die Bahn zu brechen und zu ebnen, ist es auch ferner unbedenklich richtig, daß die Staatshilfe stets in die äußerste Reservestellung zu verweisen ist, und nur im äußersten Nothfalle ins Mittel treten darf, so bedarf doch ein Landstrich, welcher zwar den lebenskräftigen Keim des industriellen Fortschritts in sich trägt, im Wachsthum desselben aber durch den Druck der bestehenden Verhältnisse in der bedauerlichsten Weise niedergehalten wird, der ganz besonderen Berücksichtigung der Staatsregierung. In Ostpreußen liegt eben der Nothfall vor, in welchem es Pflicht der Staatsverwaltung ist, mit allen Maaßregeln der

Staatshilfe kräftig ins Mittel zu treten. Die Staats-regierung müßte sich um so mehr veranlaßt fühlen, den anscheinend verlassenen Weg an der Hand der in andern Staaten gemachten Erfahrungen nochmals zu betreten, als der Boden für die industrielle Cultur gegenwärtig günstiger präparirt ist, als dieses bei den früheren vergeblichen Versuchen der Fall gewesen ist.

Die diesfälligen Vorschläge würden sich in Kürze dahin präcisiren lassen:

1. Herstellung und periodische Fortsetzung einer alle einschlagenden Verhältnisse umfassenden Gewerbe-statistik,

2. Reorganisation der Provinzial-Gewerbe-Behörden nach dem Muster der belgischen Staatsverwaltung,

3. Anweisung der zur Erfüllung der Aufgabe derselben zulänglichen Mittel,

4. Vorbereitung der Bergbau-Industrie durch Bohr-versuche auf Staatskosten,

5. dauernde Verstärkung des Eisenbahnnetzes, Er-mäßigung resp. Aufhebung der Eisenzölle, Fracht-ermäßigung für Betriebsmaterial, endlich

6. Erleichterung des Grenzverkehrs mit Rußland.

II.

Die Provinzial-Vertretung hat gleichfalls den Beruf, in den ihrer Wirksamkeit vorgezeichneten Grenzen eine für die Förderung der Industrie ersprießliche Thätigkeit zu entwickeln. Als Ausgangs- und Stützpunkt für derartige Bestrebungen bietet sich die der Rechnungs-Controle des Provinzial-Landtages unterstellte Provinzialhilfskasse dar, welcher statutenmäßig die Aufgabe zugefallen ist, der provinziellen Industrie namentlich da, wo sie in Form neu einzuführender Fabrikationszweige zur Erscheinung gelangt, durch Bewilligung von Darlehen zu Hilfe zu kommen. Es ist nun schon vorhin erwähnt, daß die Provinzialhilfs-kasse durch den landesherrlich bestätigten Beschluß des

Provinziallandtages vom Jahre 1870, Inhalts deſſen bei gewerblichen Anlagen nur die Hälfte des Materialientax-
werths als beleihungsfähig gelten ſoll, nach dieſer Richtung
hin in ſo enge Schranken gezwängt iſt, daß ſie ihre diesfällige
Beſtimmung nicht zu erfüllen vermag. Die Provinzialvertretung ließ ſich bei dem erwähnten Beſchluß von der Annahme
leiten, daß die Provinzialhilfskaſſe zur Vermeidung der erheblichen Schwierigkeiten und Unzuträglichkeiten, welche der
Anfall der ihr als Sicherheit verpfändeten gewerblichen Etab-
liſſements im Wege der Subhaſtation im Gefolge hätte, den
unſichern Boden der Beleihung ſolcher Anlagen nur mit der
äußerſten Zurückhaltung betreten dürfe. Dieſe Rückſicht hat
nun zwar vom allgemeinen finanziellen Standpunkt aus
betrachtet ihre volle Berechtigung, muß aber im Hinblick
auf den ausgeſprochenen Zweck der Provinzialhilfskaſſe,
induſtrielle Unternehmungen in der Provinz durch Gewährung von Darlehen nachdrücklich zu unterſtützen, als ein
Mißgriff bezeichnet werden. Wenn die Provinzialhilfskaſſe
in dem angedeuteten Sinne erſprießlich wirkſam ſein will,
muß ſie auf die abſolute Realſicherheit verzichten, und
darf vor der Möglichkeit von Welterungen und Verluſten
um ſo weniger zurückſchrecken, als gegen derartige Miß-
ſtände durch die vorſichtige Prüfung aller concurrirenden
Verhältniſſe, namentlich der Lebensfähigkeit des Unternehmens und der perſönlichen Befähigung des Unternehmers,
ſo wie durch die fortdauernde Beobachtung der Entwickelung des Unternehmens, für welche zuverläſſige Vertrauens-
männer intereſſirt werden müßten, ein wirkſames Correctiv
geſchaffen werden könnte.

Bei induſtriellen Unternehmungen tritt zwar der
Perſonalcredit am gewichtigſten in den Vordergrund. Neben
ihm iſt aber eine geeignete Verwerthung der Anlage als
Sicherheitsunterlage für die Beleihung nicht zu unterſchätzen,
weil der Unternehmer, falls er nicht über ſehr bedeutende
Fonds zu verfügen hat, ohne eine derartige Aushilfe in
ſeinen finanziellen Arrangements zu ſehr geſchwächt wird.

Hypothekarische Darlehen mit mäßigem Zinssatz und geringer Amortisation sind für den Unternehmer eine nothwendige Wohlthat. Es fragt sich nur, welcher Sicherheitsmaaßstab im Interesse des Creditinstituts wie des Unternehmers selbst bei der Beleihung angelegt werden muß. Der Gebäudesteuer-Nutzungswerth wird bei Gebäuden, welche für gewerbliche Zwecke bestimmt sind, nicht als der richtige Werthmesser zu betrachten sein. Noch weniger zutreffend erscheint der Materialienwerth, weil derselbe die bei normaler Nutzung zu erzielende Rentabilität gar nicht in Ansatz bringt. Es müßte daher eine Werthschätzung eintreten, welche in analoger Anwendung der Taxationsprincipien für städtische Wohngebäude neben dem Materialienwerth das Minimum des Reinertrages berücksichtigt, welcher bei rationeller Verwaltung aus der Anlage gezogen werden kann. Es läßt sich nun zwar nicht leugnen, daß auch diese Schätzung insofern eine imaginäre ist, als neue maschinelle Erfindungen, durchgreifende Veränderungen in den Conjuncturen und andre Umstände — häufig sogar schon der bloße Wechsel der leitenden Persönlichkeiten — den Werth der gewerlichen Anlage auf den Materialienwerth der Gebäude und Betriebsmaschinen reduciren können, indeß würde die Gefahr einer derartigen Schmälerung der Sicherheit einigermaßen dadurch verringert werden, wenn dem Creditinstitut die Befugniß eingeräumt würde, in solchen Fällen nach eigenem Ermessen das Darlehen ganz oder theilweise zu kündigen. Macht das Creditinstitut von einer derartigen Berichtigung rechtzeitig Gebrauch, so werden die Nachtheile einer bedrohlichen Katastrophe in den meisten Fällen vermieden werden können. Eine absolute Realsicherheit ist aber bei dem besondern Character der Sicherheitsunterlagen nicht zu ermöglichen, das Risiko aber in allen derartigen Fällen ein geringes, wenn das Creditinstitut für die Ueberwachung der Sicherheit geeignete Organe ausgewählt und sich hinsichtlich der Reduction beziehungsweise gänzlichen Kündi-

gung des Darlehens bei dessen Gewährung die freieste
Beweglichkeit sichert.

Eine entsprechende Aenderung der gegenwärtig für
die Beleihung gewerblicher Anlagen festgesetzten Sicherheitsgrenze im Sinne der ursprünglichen Fassung des
Statuts der Provinzialhilfskasse (Sicherheit bis zu ⅔ des
Tarwerths) würde bei sorgfältiger und sachkundiger Prüfung dieses Creditinstitut in Stand setzen, seiner Bestimmung entsprechend für neue industrielle Bestrebungen einen
günstigen Stützpunkt zu bieten. Die praktischen Erfahrungen während des Bestehens der Provinzialhilfskasse —
dieselbe hat seit dem Beginn ihrer Wirksamkeit, also seit
20 Jahren, bei den an industrielle Unternehmer ausgeliehe-
nen innerhalb der ersten zwei Drittel des Ertragstarwerths
sicher gestellten Capitalien im Gesammtbetrage von circa
300,000 Thlr. nur einen Ausfall von circa 3500 Thlr.
erlitten — lassen den angedeuteten Beleihungsmodus um
so weniger bedenklich erscheinen, als der erwähnte Ausfall
den abnormen Verhältnissen des Nothstandjahres (1867)
zugeschrieben werden muß, und die Provinzialhilfskasse
aus der bedrängten Zeit der finanziellen Calamitäten der
letzten Jahre auch nach dieser Richtung fast unversehrt
hervorgegangen ist.

Der Direction der Provinzialhilfskasse fällt die Aufgabe zu, die Provinzialvertretung für die angedeutete Re-
form der Beleihungsgrundsätze empfänglich zu machen,
dem in dem Statut ausgesprochenen Princip die volle
Geltung und Anerkennung zu sichern. Man wird dieses
von ihr um so eher erwarten können, als sie bisher in
richtiger Auffassung ihrer Bestimmung sichtlich bemüht gewesen ist, sich auf den dem Zweck ihrer Stiftung entsprechenden Standpunkt zu stellen, auch durch die Conservirung
der ihr zugefallenen Etablissements namentlich der unter
den schwierigsten Verhältnissen ins Leben gerufenen Tuchfabrik zu Darkehmen das Bewußtsein ihres provinziellen
Berufs bethätigt hat.

III.

In der Entwickelungsgeschichte der belgischen Industrie hat die Thätigkeit der Gemeinden neben den energischen Bestrebungen der Staatsregierung eine hervorragende Rolle gespielt. Von dem Gedanken der Wichtigkeit des industriellen Fortschritts für die Hebung des gesammten Wohlstandes erfüllt, wirkten sie mit allen Kräften dahin, daß die Vorbedingungen jeder lebensfähigen Industrie, namentlich die erforderlichen Vorbereitungs- und Fortbildungsschulen, Musterwerkstätten, Hilfsinstitute u. s. w. zur Existenz gelangten und ihre Bestimmung erfüllten. Einer ähnlichen Wirksamkeit der Gemeinden begegnen wir in Ostpreußen nicht. Mit wenigen Ausnahmen stoßen wir hier fast durchgängig auf die bedauerlichste Apathie, welche weniger dem Mangel des richtigen Verständnisses für die Tragweite der industriellen Cultur als dem schon wiederholt erwähnten Vorurteil gegen die Möglichkeit eines industriellen Aufschwungs der Provinz zuzuschreiben ist. Die Stadt Königsberg weist beispielsweise das traurige Bild auf, daß die von dem Provinzialgewerbeverein gegründete, für die elementare Fortbildung der Gewerbelehrlinge bestimmte, Sonntagsschule mehrere Monate lang aus Mangel an Betheiligung geschlossen werden mußte, und gegenwärtig nur durch Betheiligung einzelner Gewerke ein kümmerliches Dasein fristet. Derartige Zustände wären nicht möglich, wenn die städtische Vertretung mit der erforderlichen Wärme und der solchen Mißständen gegenüber unbedingt nothwendigen Entschiedenheit vorgehen würde. Es ist nun freilich nicht zu leugnen, daß die Stadt-Communen Ostpreußens durch ihre meistens sehr bedrängte Finanzlage behindert sind, den Interessen der Industrie erhebliche Opfer zu bringen, sie dürfen sich jedoch deshalb nicht zur vollständigen Passivität verurteilen, und sich der wichtigen Culturaufgabe, die Hebung der Industrie innerhalb der Grenzen ihrer Leistungsfähigkeit mit allen

Mitteln der Anregung und Vermittelung zu unterstützen, nicht entziehen.

IV.

Dem Vereinswesen fällt auch in der Fabrikinduſtrie die wichtige Aufgabe zu, die Verbindung der Induſtriellen unter einander zu bewerkſtelligen, den gegenſeitigen Austauſch der Anſichten und Erfahrungen zu erleichtern, einen Sammelpunkt für weitere Forſchungen auf dem Gebiete der Wiſſenſchaften und Erfahrungen herzuſtellen. Die Vereine bilden gewiſſermaaßen die Fortbildungsſchule für diejenigen Induſtriellen, welche ihre Vorbildung und Ausbildung bereits zum Abſchluß gebracht haben.

In Oſtpreußen beſtehen nun, wie bereits. erwähnt,

1. Vereine zur Beförderung der allgemeinen Bildung (Handwerkervereine).
2. Vereine zur techniſchen und gewerblichen Fortbildung (polytechniſche Vereine).
3. Der Provinzial-Gewerbeverein zu Königsberg, welchem die Beſtimmung zufällt, die Belebung und Förderung des Gewerbefleißes in der ganzen Provinz zu vermitteln.

Dieſe Vereine können nur dann einen weſentlichen Einfluß auf die Lebensthätigkeit der Induſtrie ausüben, wenn es ihnen gelingt, die Mehrzahl der gebildeten und bildungsfähigen Gewerbetreibenden in ihren Wirkungskreis hineinzuziehen. Nur unter dieſer Vorausſetzung werden ihre Bemühungen, die geiſtige und techniſche Intelligenz des Gewerbeſtandes auf die den Fortſchritten ·der Induſtrie entſprechende Stufe zu ſtellen und auf derſelben zu erhalten, praktiſche Erfolge haben können. Dem Provinzial= Gewerbeverein fällt in dieſer Beziehung die ſchwierigſte aber auch die wichtigſte und umfaſſendſte Aufgabe zu. Er iſt dazu berufen, in ſtetiger Verbindung mit den Staats= und Gemeindebehörden — gewiſſermaaßen als Vermittler zwiſchen dem Gewerbeſtande und der Staats· reſp. der

Gemeindevertretung — in das gesammte Gewerbeleben
thätig einzugreifen, etwaigen Mißständen nachzuspüren, die
Mittel zu ihrer Beseitigung entweder selbst in Anwendung
zu bringen oder an geeigneter Stelle die entsprechenden
Vorschläge zu machen, den bestehenden Vereinen Material
zuzuführen, neue Vereine zu organisiren, endlich auch
durch Wort und Schrift, namentlich durch die Presse,
das Interesse für die industrielle Thätigkeit zu wecken, zu
beleben, und dem durch die materielle Richtung des Zeit-
geistes stark in den Hintergrund gedrängten Gemeinsinn
wieder eine Stätte im Culturleben zu sichern. Um in
diesem Sinne erfolgreich wirken zu können, muß sich der
Verein nicht allein von den industriellen Zuständen der
Provinz sondern auch von der Gewerbethätigkeit des gesammten gewerblichen Culturgebiets sorgfältig unterrichten,
alle neuen Entdeckungen und Erfindungen in den Bereich
seiner Prüfung ziehen, sich ferner in die Lage versetzen,
durch Preisaufgaben, Prämien-Concurenzen, Belohnung
neuer Erfindungen und hervorragender Leistungen, Unterstützung strebsamer Gewerbetreibender den industriellen Fortschritt zu fördern, endlich auch wo möglich dafür Sorge
tragen, daß eine dem Bedürfniß entsprechende Sammlung
der vorzüglichsten gewerblichen Producte des In- und
Auslandes, der Modelle und Zeichnungen von Maschinen
und andern industriellen Einrichtungen den Gewerbetreibenden zu ihrer Information und Belehrung zur Verfügung steht (Gewerbemuseum). Der Provinzial-Gewerbeverein muß die Aufgabe, welche sich der im Jahre
1821 auf Anregung Beuths in Berlin gestiftete Verein
zur Beförderung des Gewerbefleißes für das gesammte
preußische Staatsgebiet gestellt hat, in provinziellem Umfange lösen. Die gegenwärtige Organisation des Vereins
macht aber ein derartiges Vorgehen geradezu unmöglich.
Der Vorstand vermag bei dem geringen Interesse, welches
der größere Theil der Vereinsmitglieder für die Realisirung
der Vereinszwecke bethätigt und mit den unbedeutenden

ihm zu Gebote stehenden Mitteln kaum den kleinsten Theil
der an ihn herantretenden Aufgaben zu bewältigen. Das
Vereinsleben hat sich daher in den letzten Jahren auf
die meistens unter schwacher Betheiligung in Scene ge=
setzte Prämienconcurrenz für Lehrlingsarbeiten, die noth=
dürftige Erhaltung der Fortbildungsschule für Gewerbelehrlinge (Sonntagsschule) und die Vervollständigung der
Bibliothek beschränken müssen. Diesem Mißstande könnte
nur durch eine dem Vorgange der landwirthschaftlichen
Centralstellen entlehnte Organisation (Anstellung eines
Generalsecretärs) und durch eine aus Staats= oder Pro-
vinzial=Fonds zu gewährende erhebliche Verstärkung der
geringen finanziellen Mittel Abhilfe verschafft werden. Hiebei würde es sich indeß empfehlen, die Thätigkeit des
Vereins auf Ostpreußen einzuschränken, weil eine weiter=
greifende Centralisation die Uebersicht erschwert und die
Wirksamkeit zu sehr zersplittert.

V.

Es ist schon an andrer Stelle hervorgehoben, daß ein
wesentlicher Hebel für den Aufschwung der Industrie in
der Erleichterung des Credits für die gewerblichen
Unternehmer zu finden ist, und daß sich der ostpreußischen
Industrie der Mangel eines für dieses Bedürfniß aus=
reichenden Geldinstituts sehr empfindlich fühlbar gemacht
hat. Abgesehen von der, immerhin nur als subsidiäres
Hilfsmittel gerechtfertigten, diesfälligen Unterstützung aus
Staats= oder Provinzial-Fonds dürfte in erster Linie die
Frage in Erwägung zu ziehen sein, ob die Industriellen
nicht selbst in der Lage sind, diesem Nothstande aus eigener
Kraft durch Creirung eines auf die Association der Betheiligten gegründeten Creditinstituts, einer industriellen
Genossenschaftsbank, abzuhelfen. Es erscheint einleuchtend, daß eine auf dieser Grundlage constituirte Credit-
bank den Interessen der Betheiligten förderlicher sein müßte,
als ein etwa für denselben Zweck aus den Kreisen der

Capitalisten heraus gegründetes Unternehmen. Die Letzteren
werden selbstverständlich nur bemüht sein, ihre Capitals=
einlage in der sichersten und speculativ vortheilhaftesten
Weise zu verwerthen. Sie benutzen erfahrungsmäßig den
gemeinnützigen Zweck in der Regel nur als Aushängeschild
für lucrativere Bankgeschäfte. Wird dagegen ein Creditinstitut durch die Vereinigung der Betheiligten ausschließlich
für ihre eigenen Interessen ins Leben gerufen, verkettet
die Sozietätsmitglieder das gemeinsame zwingende Bedürfniß, sich gegenseitig zu halten und zu unterstützen, dann
werden sie in der Lage sein, sich die erforderliche Hilfe
so billig und so zweckentsprechend zu gestalten; als dieses
nach den bestehenden Verhältnissen überhaupt möglich ist.
Im Princip ist daher eine derartige Association der Förderung des Interesses der Betheiligten am günstigsten.
Man könnte indeß zweifelhaft sein, ob sich ein derartiges
Unternehmen bei dem gegenwärtigen Stande der Industrie
in Ostpreußen mit Erfolg durchführen ließe. Diese Frage
dürfte nicht unbedingt zu verneinen sein, wenn man in
Betracht zieht, daß die zahlreichen in den meisten Städten
Ostpreußens thätigen, auf dem Princip der Selbsthilfe
beruhenden, Erwerbsgenossenschaften die ersprießlichsten Resultate aufzuweisen haben. —

Werfen wir nun einen Rückblick auf die angestellten
Betrachtungen, so werden wir uns der Ueberzeugung nicht
verschließen können, daß die Industrie in Ostpreußen an
sich lebens= und entwickelungsfähig ist, gegenwärtig aber
noch nicht auf dem durch die gegebenen Verhältnisse gebotenen Standpunkt steht, daß aber durch thatkräftiges
und rationelles Eingreifen der Staatsverwaltung, der
Provinzialvertretung, der Gemeinden und der Vereine,
so wie der Industriellen selbst eine bessere Zukunft vorbereitet, ein gedeihlicher Fortschritt des industriellen Culturlebens vermittelt werden kann. Erhebliche volkswirthschaft-

liche Fortschritte wird die Fabrikindustrie in Ostpreußen freilich erst dann machen können, wenn das Prohibitiv-system der russischen Regierung und die fast hermetische Grenzsperre einer aufgeklärteren Anschauung gewichen sind, und dadurch der Industrie ein größeres Absatzgebiet erschlossen wird. Indeß ist der gegenwärtige Zeitpunkt für ein verhältnißmäßiges Fortschreiten der Industrie ent-schieden günstig, wenn die vorgezeichnete Bahn mit voller Energie, mit geeigneten und zulänglichen Mitteln, richtigem Verständniß und festem Vertrauen betreten wird.